Amor y arte
desde mi
COCINA

Carmen Silvia Zempoalteca Gutiérrez

PAGE PUBLISHING, INC.
Conneaut Lake, PA

Primera publicación original de Page Publishing 2020

ISBN 978-1-64334-667-0 (Versión Impresa)
ISBN 978-1-64334-669-4 (Versión electrónica)

Libro impreso en Los Estados Unidos de América

Dedicatoria y agradecimiento:
Le agradezco a Dios por esta gran oportunidad
de hacer público mi recetario personal.
Dedico este libro a mi madre Q.E.P.D., a mi esposo, a
mis hijos y nietos por haberme permitido cocinarles,
por haber compartido diversas enseñanzas a lo largo
de toda mi vida y por ser mis pilares de esta.
También agradezco a todas y todos mis maestros del arte culinario,
quienes ayudaron a forjarme en el ámbito gastronómico.

ÍNDICE

INTRODUCCIÓN

Hace ya más de una década que había nacido en mí la intención y curiosidad de escribir un libro como este. Un libro que capturara no solamente títulos de platillos, listas de ingredientes y procedimientos de elaboración de alimentos; sino un libro que plasmara mi gran deseo de llegar a todos como una manera de darles algo muy personal, amor y arte desde mi cocina. Algo más personal que este libro, es el verdadero secreto en la elaboración de estas recetas gastronómicas. En ocasiones, puede surgir la duda si las recetas que se comparten incluyen todos los ingredientes o verdaderos procedimientos de preparación, pero la verdadera respuesta recae en el hecho de que todos tenemos un paladar con gustos diferentes y somos nosotros mismos quienes finalmente le daremos nuestro toque personal a toda preparación de cualquier alimento. Les invito a explorar este compendio de recetas y a disfrutar de ellas preparándolas en compañía de toda la familia y seres queridos; así saben mejor.

MEDIDAS Y EQUIVALENCIAS COMUNES

1 taza de harina cernida = 110 g.
1 taza de harina de maíz = 152 g.
1 taza de azúcar = 182 g.
1 taza de mantequilla = 2 barras = 224 g.
1 taza de nueces picadas = 124 g.
½ taza de mantequilla = 1 barra = 112 g.
1 cucharada de azúcar =12.5 g.
1 cucharadita de royal = 3.65 g.
1 cucharadita de sal fina = 6 g.
1 cucharadita de canela = 1.1 g.

Líquidos (volúmenes)

1 taza de aceite = 210 g.
1 taza de leche = 224 g.
1 cucharadita de vainilla = 5 g.
4 tazas de líquido = 1 litro – 6 cucharadas.
2 tazas de líquido = ½ litro – 3 cucharadas.
1 taza de líquido = 8 onzas fluidas.
2 cucharadas de líquido = 1 onza fluida.
1 taza = 16 cucharadas de líquido = 237 mililitros.
3 cucharaditas = 1 cucharada de líquido = 13.5 ml.
1 cucharadita = 60 gotas = 4.5 ml.

Sustituciones

2 cucharadas de harina = 1 cucharada de maicena.
1 cuadrito de chocolate = 2 ⅔ cucharadas de cocoa + ½ cucharadas de grasa.

Temperaturas

Fahrenheit y Celsius

0° = 17.8°.
32° = 0°.
98.6° = 37°.
300° = 149°.
325° = 163°.
350° = 177°.
375° = 190°.
400° = 204°.
425° = 218°.
450° = 232°.
475° = 246°.
500° = 260°.
600° = 298°.

TABLA DE EQUIVALENCIA

Unos gramos = menos de ⅟₁₆ de cucharaditas.
Una pizca = menos de ⅛ de cucharaditas.
Media cucharadita = ¼ de cucharada.
Media cucharada = 1 ½ de cucharadita.
Una cucharada = 3 cucharaditas o unos 15 gramos.
⅛ de taza = 2 cucharadas o unos 30 gramos.
¼ de taza = 4 cucharadas o unos 60 gramos.
⅓ de taza = 5 cucharadas y 1 cucharadita.
½ taza = 8 cucharadas o unos 120 gramos.
⅔ taza = 10 cucharadas y 2 cucharaditas.
1 taza = 16 cucharadas.

Fracciones difíciles

Tercio de ¼ de taza = 1 cucharada y una cucharadita.
Tercio de 5 cucharadas = 1 cucharada y 2 cucharaditas.
Tercio de ½ taza = 1 cucharada y 2 ⅓ cucharaditas.
Tercio de ⅓ taza = 2 cucharadas y 2 cucharaditas.
1 taza = 6 cucharadas.

Conversiones

1 taza de arroz = 125 g.
1 taza de harina = 125 g.
1 taza de azúcar = 200 g.
1 taza de mantequilla = 200 g.
1 taza de azúcar pulverizada = 150 g.
1 taza de manteca = 200 g.
1 taza de azúcar moscabado = 230 g.
1 taza de pasas = 150 g.
1 taza de dátiles = 175 g.
1 taza de almendras = 125 g.
1 taza de nuez entera = 120 g.

1 taza de arroz cocido = 250 g.
1 taza de leche en polvo = 125 g.
1 taza de Nescao = 125 g.
1 taza de Milo = 125 g.
4 tazas de queso rallado = 500 g.
1 taza de manzana cocida y pelada = 500 g.
1 taza de galletas saladas, molidas = 20 galletas.
1 taza de leche en polvo = 16 cucharadas.
1 taza de claras de huevos = 8 a 10 claras.
2 tazas de nuez pelada = 500 g.
1 limón (jugo) = 2 cucharadas.
3 cucharaditas = 1 cucharada.
1 lata de leche condensada = 1 ¼ de taza.
1 lata Crema Nestlé = 1 ¾ tazas.
Manzanas rebanadas 2 ½ tazas = 480 g.
Cebollas rebanadas 4 = 480 g.
Cebollas ralladas 4 = 90 g.
Fresas frescas enteras 3 tazas = 480 g.
Tomates rojos frescos, pelados y en cuartos = 1 taza = 150 g.
Grasa de tocino 1 taza = 180 g.
Mantequilla 2 tazas = 480 g.

EL USO DE HIERBAS Y ESPECIAS

Nuez Moscada: Se utiliza muy frecuentemente como aderezo para salsas dulces y algunas saladas. Además, en flanes de leche, natillas, pasteles, postres de manzana, galletas y bizcochos.

Orégano: Gran aromatizante de las sopas de tomate y realza el sabor de algunos vegetales como la berenjena, champiñones, tomate y col.

Perejil: Es complemento de muchas salsas y utilizado finamente picado en muchas preparaciones de carnes, aves, pescados, quesos, sopas, verduras y pastas.

Pimienta: es la especia más usada, se añade generalmente en forma paralela con sal en gran variedad de platillos.

Chile: Se utiliza en la cocina mexicana, en platos a base de arroz, en guisos, carnes, aves, pescados y algunas sopas.

Pimentón Rojo: Se emplea en la cocina, en estofados, con pollo, en ensaladas y como aderezo de salsas.

Tomillo: Se utiliza en todas las preparaciones de las carnes, con las aves, pescados y como aderezo de algunas salsas.

Vainilla: Su semilla perfumada sirve para aromatizar salsas, pasteles, helados, postres y dulces.

COLOCACIÓN CORRECTA DE PLATOS, CUBIERTOS Y COPAS PARA UNA CENA O COMIDA FORMAL

ETIQUETA

1. Plato para pan (en las comidas o cenas de mucha etiqueta leste no aparece en la mesa).
2. Copas: se colocan de mayor a menor y de izquierda a derecha.
3. Tenedor para entremeses (este es el único de los tenedores que aparece a la derecha).
4. Cuchara para sopa.
5. Juego para pescado.
6. Juego para carne roja.
7. Tenedor para ensalada.
8. Los platos, se colocan de menor a mayor (en el mismo orden en que van los platillos).

El arreglo de mesa para una cena o comida de este tipo dependerá de la índole de los platillos o sea que se colocarán únicamente las copas, platos y cubiertos correspondientes a estos.

El orden de los cubiertos y platos será el mismo a la presentación de los alimentos (de afuera hacia dentro).

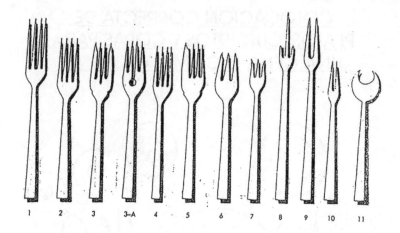

1. TENEDOR MESA, para la carne roja. También para servir cuando no se tiene uno especial.

2. TENEDOR MEDIANO, llamado "postre", para arroz, legumbres, huevos, etc., para carne blanca y como substituto de todos los otros tenedores.

3. 3–A. TENEDOR PESCADO, un poco más corto y ancho, puede ser de igual forma que el mediano o algo distinto. Si es como el 3–A, se puede utilizar también para ensalada.

4. TENEDOR FRUTA, también como tenedor para niño o para postres.

5. TENEDOR ENSALADA, sirve para pescado, melón y pasteles. Con este no se usa cuchillo.

6. TENEDOR PASTEL, para pasteles, tartas; conservas, helados duros, etc.

7. TENEDOR COCKTAIL o "entremeses" para camarones, ostiones, quesos, carnes frías, etc. También los hay de dos dientes.

8. TENEDOR MANGO, para esta fruta.

9. TENEDOR SÁNDWICH.

10. GARFO PARA CARACOLES.

11. TENEDOR SARDINAS.

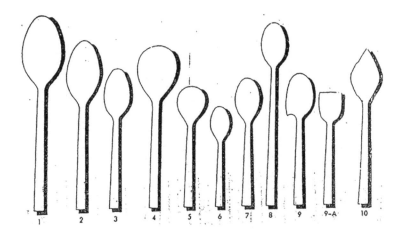

1. CUCHARA MESA, grande, para sopa o para servir, cuando no se dispone de una especial.

2. CUCHARA MEDIANA, llamada "postre" o "cercales"; sirve para cornflakes, avena, etc. y como substituto de la de sopa.

3. CUCHARA THE, para esta bebida y como substituto de las otras cucharas chicas.

4. CUCHARA REDONDA, para cremas, consomé servido en plato y, cuando es algo hondo, para sopa de mariscos.

5. CUCHARA REDONDA CHICA, para consomé servido en taza.

6. CUCHARA CAFÉ, muy pequeña, para café servido en tacita también pequeña.

7. CUCHARA POSTRE, para dulces y frutas y como substituto de las otras cucharas chicas.

8. CUCHARA THE HELADO y para bebidas servidas en vasos altos.

9. 9–A. CUCHARAS HELADO, algo planas, para nieves y helados.

10. CUCHARA TORONJA, para esta fruta.

LAS COPAS, se colocan a la derecha, de mayor a menor; generalmente que aparecen en la mesa son las de agua, vino tinto y vino blanco. Estas tres copas son de mesa y no deben llevarse fuera de ella; si una persona desea tomar agua o vino en otro sitio, se le sirve en vaso.

Las de vino dulce, se llevan a la mesa al momento de servir el postre.

Las de champaña se sacan cuando se descorchan las botellas de espumoso.

Las de cocktail y licor se ofrecen llenas, respectivamente antes y después de una comida, casi siempre en otro salón fuera del comedor.

Cuando se sirve el cocktail inmediatamente antes de comer, o se toma vino dulce con la sopa, o se desea acompañar toda una comida con champaña, las copas respectivas pueden colocarse en la mesa desde un principio; pero no es correcto poner más de cuatro copas juntas en cada lugar.

Los juegos de copas más comunes se componen de:

1. COPA PARA AGUA.
2. PARA VINO TINTO.
3. PARA VINO BLANCO.
4. PARA VINO DULCE.

5. PARA CHAMPAÑA.
6. PARA COCKTAIL.
7. PARA LICOR O COGNAC.

Hay muchos juegos de copas de diferentes estilos, pero cada una de ellas puede fácilmente identificarse por su forma y tamaño. En los juegos de copas antiguos.

AVES

Actualmente las aves y animales de corral y de caza se encuentran en el mercado durante todo el año gracias a las modernas técnicas avícolas y a la refrigeración. El sabor de las aves y animales frescos es superior al de los congelados, y las piezas de cacería son de mejor calidad durante su temporada, que varía según la especie.

La mayoría de las aves se venden ya listas para cocinarlas, es decir, desangradas, desplumadas y sin menudencias. Las aves para preparar al horno deben descongelarse lentamente. Nunca se deben meter al agua caliente para descongelarlas.

POLLO

INGREDIENTES:

1 pollo.
1 frasco de salsa Maggi.
1 barra de mantequilla.
½ kilo de jitomate.
1 cebolla.
2 chiles pasilla verde.
2 papas.
1 lata de champiñones.

Se deja reposar el pollo en la salsa Maggi 1 o 2 horas. Enseguida se escurre y se le pone la harina pieza por pieza, se dora en la mantequilla. Ya se tendrá jitomate y cebolla, pasilla verde y papas picadas. En un sartén se acomoda el pollo dorado y en la mantequilla que quedó y los ingredientes picados y los champiñones, se le pone una poca de agua y se dejan cocer a fuego lento.

POLLO RELLENO

INGREDIENTES:

1 pollo.
250 g. de carne molida.
100 g. de jamón.
100 g. de tocino.
1 bola de chorizo español.
1 cebolla chica.
1 jitomate.
1 pomo de aceitunas chico.
1 kilo de naranjas.

Se pone a la lumbre una cacerola con el tocino a que suelte la grasa, luego se dora el chorizo, el jamón, la cebolla y el jitomate finamente picados, las aceitunas enteras y por último la carne molida, se deja cocer y se saca del fuego después de que esta última esté bien cocida.

El pollo muy limpio se unta con mantequilla, pimienta y ajo, luego se rellena con la carne y se coce con aguja e hilo, se baña con el jugo de naranja y se deja reposar 20 minutos, después se pone en un molde, se tapa con papal aluminio y se mete al horno.

ROSCA DE POLLO EN ASPIC

INGREDIENTES:

1 pollo.
1 cebolla.
Aceite y vinagre.
8 dientes de ajo.
1 chile morrón verde.
Hierbas de olor.
Aceitunas.
Rajas de jalapeños.
Sal y pimienta al gusto.

PROCEDIMIENTO:

Se pone a cocer el pollo con una cebolla y sal al gusto, cuando está tierno se saca, se deshuesa y divide en porciones grandes, se vuelve a la lumbre con un poco de su mismo caldo, aceite, vinagre, 8 dientes de ajo, 1 cebolla en ruedas, chile morrón picado, hierbas de olor, pimienta, se deja hervir hasta que esté suave. Se saca y se pica finamente añadiendo aceitunas picadas, unas rajas de chile jalapeño y unos morrones también picados, dejando las pechugas cortadas para decorar.

PROCEDIMIENTO PARA ARMAR LA ROSCA:

Se acomoda en el molde de corona mojado y helado, una capa de aspic y se deja que cuaje, se decora con tiras de morrón, aceitunas y tiras de chile jalapeño, se pega un poco aspic, si se desea se le pone un poco de ensalada de chícharos, un poco de picadillo del que se preparó con el pollo, poniendo alrededor las pechugas para decorar (de papa con apio de zanahoria con chicharos o de la que se desee), teniendo cuidado de no apretar para que entre el aspic, que se vacía todo hasta que se llene bien el molde, se pone en el refrigerador a que cuaje, se desmolda sobre agua ligeramente caliente.

PECHUGA DE POLLO A LA PARMESANA

INGREDIENTES PARA SEIS PERSONAS:

6 medias pechugas.
2 huevos.
1 taza de pan molido.
50 g. de queso parmesano.
Perejil chino y rajas de limón par el adorno.
Sal y pimienta al gusto.

Se deshuesan las pechugas y se aplanan por la mezcla de pan molido y queso rallado. Por último, por el huevo batido y nuevamente por pan, oprimiéndoles con la palma de la mano al fin de que el pan penetre y se adhiera bien. A última hora se fríen en aceite bien caliente y a fuego suave. Se les quita la grasa sobre un papel poroso y se sirven inmediatamente. El platón se adorna con rajas de limón y perejil chino, además de una ensalada.

PAVO DE NAVIDAD

INGREDIENTES:

1 pavo grande y tierno.
1 limón.
5 dientes de ajo.
Pimienta blanca.
2 cucharaditas de sal.

RELLENO:

75 g. mantequilla.
250 g. de plan de huevo monde a rallado.
250 g. de ciruela pasa deshuesada y picada.
100 g. de nuez molida.
500 g. de manzana limpia picadita.

CANTIDADES PARA COCERLO:

1 litro de vino blanco seco.
½ litro de jugo de piña.
3 cebollas grandes en ruedas.
5 hojas de laurel.
4 cucharaditas de sal.
150 g. de tocino en rebanadas para cubrir el pavo.

El pavo después de muy bien lavado se unta por dentro y por fuera con ajo molido, limón, sal y pimienta, y se deja en el refrigerador de 4 a 5 horas, enseguida se rellena con el relleno que ya estará preparado, se lía con cáñamo para que no pierda su forma al cocerlo; cubriéndolo con tiras de tocino, se coloca en la pavera se le pone una cebolla rebanad de hojas de laurel, sal, vino blanco y jugo de piña, se pone bien tapado a fuego directo suave y se deja por espacio de una hora y media, teniendo cuidado que no le falte líquido para que siga hirviendo. Cuando se ve cocido se destapa la pavera y en la misma se pone al horno unos 30 minutos a 400 grados centígrados teniendo cuidado que no le falte jugo. Al llevarse a la mesa se coloca en un platón y se adorna con ensalada de piña, pimiento morrón, lechuga y uvas.

RELLENO:

Se ponen 50 g. de mantequilla, antes de que se derrita se le pone el picón rallado y ahí se le agrega la ciruela picada, las pasas, manzana en cuadritos y la nuez molida o picada, se le pone medio litro de leche, se sala al gusto y se revuelve bien y así bien caliente se rellena el pavo.

ESTOFADO DE POLLO

INGREDIENTES:

1 kg. de pollo.
20 aceitunas con jugo.
100 g. de almendras.
1 diente de ajo.
5 clavos de olor.
10 jitomates.
½ frasco de alcaparras con jugo.
3 cebollas medianas.
10 pimientas.
1 hoja de laurel.
125 g. de manteca.
1 latita de chiles en vinagre con jugo.
1 vaso de vino blanco.
100 g. de pasas.
Sal al gusto.

El pollo se lava, se corta en trozos y se acomoda en una cacerola. Aparte se pican todos los demás ingredientes y se vacían a la cacerola en donde se encuentra el pollo y se agrega también la manteca y el vaso de vino blanco, pimiento, clavo, laurel, pasas enteras y se revuelve todo muy bien, se prueba de sal y si le hace falta se le pone, se tapa y se coloca sobre la lumbre a fuego lento hasta que el pollo esté bien cocido. Se sirve con sopa de arroz blanco.

POLLO CON CREMA

INGREDIENTES:

1 pollo.
750 g. de crema.
latita de chiles jalapeños en rajas.
1 latita de jamón endiablado.
1 lata mediana de chicharos.
1 lata de pimiento morrón.

Se fríe el pollo un poco, se acomoda enseguida en una cacerola de preferencia de teflón, se licúa parte de la crema con un chorrito del jugo de los chiles jalapeños, sal, pimientos morrón, el jamón endiablado, esto se le vacía al pollo, se pone a cocer con el resto de la otra crema, ya que está blando se le agregan los chicharos y los chiles jalapeños, se deja hervir otro poco y se apaga.

POLLO CON LONGANIZA

INGREDIENTES:

4 piezas de pollo.
3 cucharadas de aceite.
3 rebanadas de cebolla.
2 jitomates molidos.
1 chipotle en vinagre.
1 cucharadita de sal.
100 g. de longaniza.

Lave y limpie las piezas de pollo, ponga al fuego el aceite y cuando se caliente añada el pollo, fríalo suavemente por todos lados, sin taparlo. Agregue la cebolla para que se sofría y la longaniza, cuando esta se cueza, añada el jitomate, el chipotle y la sal. Deje freír todo unos minutos. Si se reseca mucho y el pollo no está cocido añada media taza de agua caliente. La salsa debe quedar espesa.

PIE DE POLLO

INGREDIENTES:

Pasta para un molde de pie, para un molde rectangular grande se utilizan tres tantos de esta pasta. (También se puede utilizar para pies de frutas).

300 g. de harina.
150 g. de mantequilla.
2 yemas.
1 huevo.
½ cucharadita de sal.
1 ½ cucharaditas de royal.
Leche, la necesaria para formar una pasta.

Se cierne la harina con el royal y la sal y una pizca de azúcar. Se forma una fuente, en el centro se pone la mantequilla y los huevos, se revuelve todo y se forma la masa, agregándole leche según se necesite.

Se divide la masa en dos partes iguales, con una se forma el molde untado de mantequilla y se le pone el relleno y con la otra se forra, ya sea en tiritas o tapadera completa, si es así se le hacen unos piquetes con un tenedor y se barniza con yema de huevos. Se mete al horno precalentado aproximadamente por 30 o 45 minutos o hasta que dore.

RELLENO:

2 kg. de pollo cocido y deshebrado.
2 cebollas picadas.
750 g. de jitomate picado.
100 g. de aceitunas picadas.

50 g. de almendras peladas y picadas.
100 g. de pastas.
1 latita de chiles jalapeños, picados.
2 papas cocidas y picadas.
2 zanahorias cocidas y picadas.
Ajo, sal y pimienta.

Se fríe el pollo y se saca, luego el jitomate, poniendo primero la cebolla con el ajo picadito, enseguida lo demás y con esto se rellena el pie, pero antes se sazona con sal y pimienta.

POLLO EN MOLE Y AJONJOLÍ

INGREDIENTES:

1 pollo mediano cocido.
2 chiles negros.
2 pasillas.
2 guajillos.
2 chiles de árbol.
50 g. de almendras.
1 bolillo.
3 dientes de ajo.
1 pizca de orégano.
1 raja de canela.
2 clavos de olor.
100 g. de ajonjolí.
Sal o azúcar.
2 cuadritos de chocolate si se desea dulce el mole.

Se dora en aceite el bollito rebanado, las almendras peladas y los chiles ligeramente. Se muele todo con los olores y un poquito de caldo para que se muela bien. En un poco de aceite se fríe todo lo que se molió, si está muy espeso se le pone más caldo. Se sazona con sal o azúcar al gusto, se incorporan las piezas de pollo o que den un hervor. El ajonjolí se dora en seco y al servir cada plato se espolvorea al gusto.

POLLO EN SIDRAL

INGREDIENTES:

1 pollo mediano partido en piezas.
¼ de cebolla en rebanadas.
1 lata chica de chiles jalapeños partidos en pedazos.
½ kg. de zanahoria.
50 g. de mantequilla.
1 Sidral.

Se fríe el pollo en la mantequilla enseguida se le pone la cebolla a que se acitrone, luego las zanahorias partidas en tiras no muy delgadas, los chiles jalapeños y un poco de jugo de los chiles, se sazona de sal, y se le coloca el sidral, se tapa y se le baja el fuego y se deja a que esté blandito, se puede servir con cualquier ensalada.

BIRRIA DE POLLO

INGREDIENTES:

1 kilo de pollo.
½ cucharada de pimienta.
½ cucharada de comino.
½ cucharada de jengibre.
½ cucharada de orégano.
4 dientes de ajo.
½ sobre de tomillo.
6 clavos de olor.
3 hojas de laurel.
½ taza de vinagre.
2 guajillos.
2 chiles pasilla.
Chile de árbol picante.
Sal y cebolla al gusto.

El pollo se pone a reposar con el vinagre durante ¾ de hora. Los chiles se cuecen. Se muelen todos los condimentos y se le agrega al pollo revolviendo junto con los chiles molidos y se mete al horno durante 40 minutos.

El chile se preparar cociéndolos y licuan con sal y orégano y después se pica cebolla finamente.

POLLO AL HUERTO

INGREDIENTES:

1 pollo cortado en piezas.
2 cucharadas de mostaza.
2 naranjas.
3 manzanas.
1 plátano gordo en cuadritos y fritos.
2 papas.
2 zanahorias.
4 cucharadas de fruta en vinagre.
50 g. de mantequilla.
½ cebolla.
2 tomates.
½ taza de pasas.
20 almendras.
1 ½ cucharadas de consomé de pollo Knorr Suisa.
Un poco de agua, sal y pimienta al gusto.

El pollo se lava y se unta de ajo sal y mostaza, se acomoda en un molde refractario que estará bien engrasado con la mantequilla. Después se le agrega el jugo de las dos naranjas, el consomé y la fruta en vinagre escurrida. Las manzanas y cebollas se cortan y se acomodan sobre el pollo, se le agrega un poco de agua si se desea más jugoso. Se tapa el molde con papel aluminio y se mete al horno a calor moderado hasta que esté suave. Se puede servir con cualquier ensalada.

PIERNAS DE POLLO AL HORNO

INGREDIENTES:

8 piezas de pollo (pierna).
8 salchichas.
8 rebanas de tocino,
1 lata de chile morrón, chica.
½ latita de achiote.
1 limón.
1 taza de vinagre.
Sal y papel aluminio.

Se disuelve el achiote en una taza de vinagre, y se le agrega el jugo de limón. Luego se le unta a cada pieza de pollo, que unta previamente se coloca sobre un pedazo grande de papel aluminio. Posteriormente, encima de cada una, se le va colocando una salchicha partida por la mitad, la rebanada de tocino y una raja grande de chile morrón. Se le espolvorea poquita sal y se va envolviendo de una por una en su pedazo de papel aluminio. Se colocan en una charola o molde refractario grande y se ponen al horno durante 1 hora a 250 grados.

POLLO A LA CACEROLA

INGREDIENTES:

1 pollo en pieza.
100 g. de mantequilla.
350 g. de zanahoria chicas, peladas y cortadas a la mitad.
500 g. de papas chicas, peladas y a la mitad.
1 taza de caldo de pollo.
Sal, pimienta, perejil picado, ralladura y jugo de limón.

Se lava y se seca el pollo, se derrite la mantequilla en un sartén grande y se dora el pollo por todos lados, se retira del sartén y se deja aparte. En la grasa sobrante se acitronan las papas, zanahorias y cebollas durante 5 minutos. Se acomoda el pollo junto con las verduras en un molde, se le vierte el caldo, se sazona con sal y pimienta, se tapa y se hornea durante media hora. Se saca y se añade la ralladura y el jugo de un limón, se revuelve para unirlo bien, se mete de nuevo al horno media hora más hasta que esté cocido, para servirlo adórnelo con perejil. Acompáñelo con arroz y ensalada.

GALLINA O POLLO EN MOLE SABROSO

INGREDIENTES:

1 Gallina o pollo tierno.
5 chiles anchos (guajillo).
5 chiles chipotles.
80 g. de almendras.
25 g. de pasas.
1 pedacito de pan de bolillo.
¼ taza de vinagre.
1 taza de jugo de naranja.
1 cucharadita de azúcar.
Canela, orégano, clavo, pimienta y sal al gusto.

La gallina o el pollo se ponen a cocer en raciones. Los chiles se limpian de las semillas y se fríen, lo mismo que las almendras, ya que esté color de oro, se le agrega la salsa que ya tenemos preparada y allí se pone la gallina cocida y partida en piezas. Si está muy espesa la salsa, se le puede poner más caldo de la gallina. Se sazona con sal y pimienta al gusto.

En esta misma forma se puede hacer un pollo y carne de puerco. La carne se pone a cocer con sal, ajo y cebolla y después de cocida y partida en trozos, se le pone el mole, en lugar de caldo, se le pone un poco de agua para colar el mole.

CARNES

CARNE DE RES: La mejor carne se obtiene de animales jóvenes, la carne de buena calidad debe presentar una coloración uniforme, entre el color rojo vivo y el rojo oscuro. Debe presentar un aspecto húmedo, consistencia elástica y firme y olor suave y fresco. La grasa que la cubre sabe ser gruesa de un color crema y el amarillo pálido y de consistencia firme. Los huesos brillantes y rosados, con un ligero tinte azulado.

    TERNERA: Carne de aspecto suave, un poco húmeda y de textura fina. Su color varía del crema al rosado. Posee poca grasa de color blanco cremoso.

    CERDO: Debe ser de color rosa pálido firme y flexible al tacto; las superficies recién cortadas deben aparecer levemente húmedas y los huesos deben tener una tonalidad azul rosácea. La grasa debe ser firme y de color blanco lechoso. Debe comerse completamente cocida.

    CABRITO: Carne rosada, magra. No debe comprarse carne rojiza ya que es signo de que estuvo mucho tiempo refrigerada.

    CARNERO: Carne de color rosa pálido, grasa blanca firme y abundante sobre todo alrededor de los riñones. No debe comprarse carne con grasa amarilla (ya que indica que es un animal viejo).

    VÍSCERAS: Estos no son de fácil conservación, por lo que se recomienda consumirlos el mismo día que se compran o a las 48 horas cuando mucho. Entre estas tenemos el hígado, riñones, legua, corazón, corazón, cabeza, patas, pancita, sesos y mollejas.

LOMO DE PUERCO EN ADOBO

INGREDIENTES:

500 g. de lomo de cerdo.
2 chiles anchos.
2 pasillas secas.
1 cebolla.
1 diente de ajo grande.
4 pimientas.
2 clavos.
1 raja de canela.
1 taza de vinagre.
50 g. de grasa.
½ tablilla de chocolate.
Sal al gusto.

Se asan los chiles ligeramente, se desvenan y se remojan, se licúan con las especias, ajo, cebolla, vinagre, chocolate y todos los demás ingredientes. Este se unta a la carne, se coloca en una cacerola gruesa bien tapada. Se sazona antes con sal y pimienta. Se le puede agregar un poco de jugo de naranja. Se puede cocer también en el horno en un molde tapado con papel aluminio.

ALBÓNDIGAS

INGREDIENTES:

½ kilo de carne molida de res.
½ kilo de carne molida de puerco.
Jitomate.
Cebolla.
Ajo, orégano, comino, hierbabuena.
Perejil, pimienta.
2 huevos.

A las carnes molidas, se les agrega un poco de jitomate y cebolla molidos, 3 cucharadas grandes de arroz remojado o en pedacitos, 2 huevos enteros y todos los olores en pequeña cantidad y sal al gusto. Se hacen bolas no muy grandes. En un poco de aceite o manteca, se fríe 1 cucharada grande de harina, ya que esté color de oro, se le añade jitomate y cebolla finamente picados, enseguida agua suficiente, ya que esté hirviendo, se le agregan las bolas de carne, y se sazona el caldillo con sal, 1 rama de hierbabuena y fruta en vinagre picadita y un poco de vinagre de la misma. Se deja que hierva hasta que la carne esté cocida, procurando que le quede bastante caldo.

TATEMADO DE PUERCO

INGREDIENTES:

1 kilo de carne de puerco, de costilla, carne gruesa y hueso de pierna.

La carne se pone en un recipiente con vinagre durante 24 horas. Se remojan en agua caliente 8 guajillos (chiles anchos), se desvenan y se muelen con 10 pimientas enteras, 5 ajos, jengibre, tomillo, orégano, 2 clavos de olor y cominos (todos estos olores en poca cantidad). Se le pone sal y se mezcla con la carne (la salsa de los chiles y los olores debe colarse) poniéndole agua suficiente para que se cueza muy bien la carne y le quede salsa. Se sirve con cebolla desflemada en agua con jugo de limón y sal.

ALBÓNDIGAS CON CHILE CHIPOTLE

INGREDIENTES:

¼ kg. de carne molida de puerco.
¼ kg. de carne molida de res.
Pan remojado en leche un bolillo.
Pimienta, ajo, cebollita picada.
1 huevo entero.
Sal.
Tocino, jamón y perejil, todo picadito.

Se hace una salsa con rebanadas de cebolla y puré de jitomate, Knort Suiza y chile chipotle, ya que esté hirviendo se le agregan las albóndigas y se procura que quede una salsita especita.

TINGA POBLANA

INGREDIENTES:

¾ de lomo de puerco.
200 g. de longaniza.
2 cucharadas de aceite.
3 jitomates grandes.
3 chiles chipotles.
Sal y pimienta al gusto.

El lomo se cuece con agua y sal. Se retira del fuego, se enfría y se deshebra finamente. Se desmenuza la longaniza y se fríe en el aceite bien caliente, se retira del fuego y en el aceite sobrante se fríe la carne de puerco cocido y partida en trozos hasta que dore un poco. Se agregan el jitomate previamente cocido, molido y colado, un poco de agua y los chiles en rajas, sazonándose con la pimienta y la sal. Se deja a fuego lento hasta que la salsa espese un poco. Para servirse se le añade la longaniza frita.

ENROLLADOS DE CARNE CON TOCINO

1 libra de carne molida de res.
1 libra de carne molida de cerdo.
3 dientes de ajo.
¼ de cucharada de pimienta molida.
3 dientes de ajo.
2 huevos enteros.
1 bolillo chico remojado en leche.
1 cucharada de perejil picado finamente.
½ cebolla mediana picada.
150 gramos de tocino.
½ kilo de jitomate cocido y molido con 1 ajo.

Se revuelven todos los ingredientes menos el tocino y el jitomate, se hacen rollitos largos y se enrollan con el tocino, se fríen y en esa misma grasa se agrega el jitomate cocido y molido con un ajo y se incorporan los rollitos ya fritos a que se terminen de cocer; se dejan a que les quede salsa y se sirven con cualquier ensalada.

PIERNA DE CERDO MECHADA

INGREDIENTES:

2 Chiles negros y secos mulato.
2 Chiles pasilla secos.
2 Chiles lisos, guajillo.
Vinagre y jugo de naranja.
4 pimientas.
4 clavos.
1 hoja de laurel.
3 diente de ajo.
Chiles jalapeños.
Papas y almendras.
200 g. de jamón.
Cebolla y jitomate.
1 pierna de cerdo.

Se muelen todos los ingredientes menos el jamón. Laurel, papas, almendras, y chile jalapeño en vinagre. La pierna se limpia y se mecha con las almendras peladas y partidas, chile jalapeño y jamón, partiendo todo esto en pedazos pequeños, se mecha y se baña con todas las especies perfectamente molidas y se deja macerar por 2 horas, se pone en un recipiente y se mete al horno tapándolo con papel aluminio por 2 horas y media a 375 grados centígrados, al cabo de ese tiempo se ve si ya está perfectamente bien cocinado, si no, se deja un poco más hasta que se cueza bien.

ESPINAZO ENJITOMATADO

INGREDIENTES:

2 kilos de espinazo carnudo.
10 jitomates grandes.
8 hojas de laurel.
6 o 7 clavos de olor.
1 raja de canela.
Ajo y sal.

Se cocina el espinazo en suficiente agua junto con las hojas de laurel, un pedazo de cebolla y sal, no dejarlo seco. Los se asan en el comal, se pelan y se licuan con los clavos de olor y el pedazo de canela hasta que quede una salsa espesa (como adobo), se le agrega al espinazo ya cocido y se deja a que dé un hervor. Se sirve con rebanadas de cebolla, lechuga y rábanos.

LOMO EN SALSA DE SOYA

INGREDIENTES:

1 ½ kilo de lomo de puerco.
1 cebolla pequeña.
2 dientes de ajo.
½ taza salsa soya.
1 cucharada de salsa inglesa.
1 taza de jugo de naranja.
Sal y pimienta al gusto.

Dore el lomo por todos lados. Licua los demás ingredientes y bañe con este el lomo. Tápelo con aluminio y métalo en un horno precalentado a 150 grados centígrados por espacio de una hora o hasta que se dore y esté bien cocido (para que luego se le quite el papel aluminio una vez esté cocido).

BISTECS RANCHEROS CON NOPALES

INGREDIENTES:

1 ½ kilo de jitomates cocidos y pelados.
1 cebolla en trozos.
3 dientes de ajo.
Chile de árbol asado al gusto.
10 nopales grandes tiernos, cortados en tiritas ya cocidos.
12 bistecs pequeños.

Muela los jitomates con la cebolla, ajo y chiles. En una cacerola caliente con un poco de aceite vierta ahí la salsa colada. Sazónela con sal y pimienta y un poco de consomé en polvo, deje hervir 10 minutos. Agregue los nopales y los bistecs ligeramente fritos, déjelos 15 minutos más.

LOMO DE CERDO MECHADO

INGREDIENTES:

2 kilos de lomo de cerdo.
1 botella de vino blanco.
200 g. de tocino.
200 g. de almendras.
200 g. de pasas sin semilla.
Mostaza, pimienta, ajo y sal.

Se le quita el pellejo al lomo y se mecha con las pasas, almendras y tocino en cuadritos, se pone toda la noche en el vino blanco, al otro día se unta con la mostaza, sal, pimienta y ajo y se pone en un molde refractario con el vino en que se remojó, se tapa con papel estaño, y se pone al horno más o menos 2 horas con el jugo que soltó. Se hace una salsa con tantita harina dorada en un poco de mantequilla y se le agrega la salsa de la carne a que dé un hervor. Se sirve con la salsita y puré de manzana o gelatina de vino tinto.

LOMO DE CERDO A LA NARANJA

INGREDIENTES:

1 kilo de lomo de cerdo.
50 gramos de mantequilla.
1 taza de jugo de naranja.
½ taza de mermelada de naranja.

Lave el lomo, séquelo y fríalo en la mantequilla hasta que dore por todos lados. Métalo en horno caliente (300 grados) durante una hora aproximadamente y báñelo de vez en cuando con el jugo de naranja. Retírelo del horno y revuélvale la mermelada con el jugo que haya soltado el lomo. Rebane el lomo. Ponga al fuego la mezcla de mermelada y vacíela sobre la carne. Sirva con puré de papa o ensalada de lechuga.

PIERNA A LA BERLINGO

INGREDIENTES:

1 kilo de pierna de cerdo.
10 ciruelas pasas.
2 copas de Jerez.
½ taza de tomate asado y molido con ½ cebolla.
Crema.
Sal.
2 chiles chipotles.

Se cocina la carne con un pedazo de cebolla, hoja de laurel y sal; ya que esté cocida se mecha con las ciruelas sin hueso. Se mete al horno bañándola con la siguiente salsa. El jitomate se muele con ½ cebolla, crema, sal y 2 chiles chipotles, se le pone un poco de caldo de la pierna, con esto se baña y se mete al horno como una hora y media. Se sirve caliente con puré de camote o de papa.

PIERNA DE CERDO AL ORANGE

INGREDIENTES (6 u 8 porciones):

1 kilo de pierna de cerdo sin hueso, cortada; en un solo trozo y lista
    para desmecharla.
100 gramos de almendras peladas y enteras.
6 dientes de ajo pelados y machacados revueltos con:
1 cucharada de sal.
1 cucharada de pimienta.
2 cucharadas de aceite.
2 tazas de jugo de naranja.

Se mecha la carne con las almendras, pasas y se unta con le mezcla del ajo.

Se dora la pierna en el aceite por todos lados hasta que dore, por último, agréguele el jugo de naranja y tápelo dejándolo cocinar a fuego lento durante 40 minutos. Puede ir al horno volteándola de vez en cuando y se deja 30 minutos.

ROLLOS DE CARNE MOLIDA

INGREDIENTES:

500 g. de carne de res molida.
500 g. de carne de puerco molida.
100 g. de jamón picado.
2 cucharadas de Salsa Catsup.
1 cucharada de salsa inglesa,
1 cucharada de perejil picado.
3 ajos picados.
1 bolillo remojado en leche.
2 yemas.
1 cucharada de cebolla picada.
1 cucharadita de mostaza.
200 g. de tocino.
500 g. de jitomate cocido.
3 ajos.

Se revuelve todo menos el tocino y el jitomate y ajos. Se hacen 4 u 8 albóndigas y se envuelven en las tiras de tocino y se fríen en tantito aceite. Ya fritos se ponen en una cacerola donde quepan y se les agrega el jitomate cocido y molido con los ajos, sin agua, se cuela en la carne y se sazona con sal y se le pone al fuego bajito a que se cuezan.

LOMO MECHADO

INGREDIENTES:

1 kg. de lomo de puerco en trozo.
50 g. de pasitas.
30 g. de almendras.
1 cebolla grande.
50 g. de jamón.
50 g. de tocino.
1 kg. de jitomates.
2 ajos.
1 lata de rajitas de chile jalapeño.
Sal y pimienta al gusto.

El lomo se mecha con el jamón, tocino, pasas y almendras, se fríen un poco en aceite. Cuando tome color dorado, pero no quemado, se le agrega el jitomate molido con el ajo y colado, se deja cocer agregándole su hoja de laurel, tomillo, orégano y sazonado con sal y pimienta. Y cuando esté blandito se le agrega la cebolla en rebanadas y las rajitas de chile jalapeño. Se sirve con una ensalada de lechuga y rabanitos.

LOMO DE CERDO CON NARANJA (O PIÑA)

INGREDIENTES:

1 kg. de lomo de puerco.
50 g. de jamón.
½ taza de jugo de naranja agria o dulce según el gusto. (si se prefiere
    se utiliza de piña).
1 cebolla.
3 ajos.
Sal y pimienta al gusto.

Se calienta el utensilio y se dora la carne por todos lados (sin grasa), se apaga unos 5 minutos y se baña con el jugo, se espolvorea con pimienta al gusto, se acomodan los ajos partidos y la cebolla en ruedas, se tapa y se cocina una hora y cuarto volteándolo unas dos veces. La sal se le pone cuando casi está cocido. Cuando se utiliza jugo de piña se le agregan unas rebanadas de piña natural sin corazón.

RATONES

INGREDIENTES:

1 kg. de rebanadas de carne de puerco.
250 g. de papas.
5 chorizos.
2 dientes de ajo.
5 pimientas.
½ taza de vinagre.
1 hoja de laurel.
1 ½ kg. de jitomate.
1 cebolla chica.

Se muelen las pimientas, los ajos, la sal y se baja todo esto en el molcajete con el vinagre y se pone en un recipiente en donde se coloca la carne en rebanadas por espacio de una hora. Enseguida se cocinan las papas, después se pelan y se pican finito. Se pone una cazuela al fuego con manteca a requemar, donde se van friendo los chorizos y las papas, enseguida se extienden las rebanadas y se van rellenando con la fritanga, se doblan y se prenden con un palillo. Después se pone otra cazuela con manteca en la que se van a freír los ratones, ya que están dorados se les pone el caldito de jitomate con la cebolla molida, se le pone la hoja de laurel y se tapa la cazuela y se pone al fuego, deben quedar jugositos, se sirven con es ensalada de lechuga, y rabanitos.

CHULETAS CATSUP

INGREDIENTES:

12 chuletas de cerdo.
Salsa catsup al gusto.
½ botella de salsa picante tomazula.
Jugo de naranja colado.

Se cocinan muy bien las chuletas si son crudas, si son ahumadas solo se fríen una por una para que queden muy bien, se doran muy bien con salsa picante para que queden todas bien cubiertas, luego se les agrega la salsa cátsup al gusto y se le pone el jugo de una naranja rebajado para que queden un poco caldudas, se dejan resecar un poco. Se sirven con ensalada, cebolla, papas fritas o a la francesa.

PASTEL DE CARNE

INGREDIENTES:

750 g. de carne de res molida.
250 g. de carne de cerdo molida.
2 cucharadas de cebolla picada.
1 cucharada de perejil picada.
100 g. de tocino picado.
1 lata chica de jamón endiablado.
2 zanahorias medianas cocidas y picadas.
2 papas medianas cocidas y picadas.
1 lata chica de chicharos.
1 huevo.
Sal y pimienta al gusto.
2 cucharadas de pan molido.
1 cucharada de royal.
1 cucharada de harina.
½ taza de recaudo (jitomate y cebolla picados).

Se revuelve todo. Se engrasa un molde y se mete al horno moderado por espacio de 20 minutos.

Se sirve con la siguiente salsa:

Mostaza.
Crema.
Sal y pimienta.

PASTEL DE CARNE FRÍO

INGREDIENTES:

1 kg. de carne de puerco desgrasada.
200 g. de pechuga de pollo deshuesada.
200 g. de jamón.
1 huevo.
2 tiras de galletas saladas molidas.
Sal y pimienta.
Cebolla, laurel, pimienta entera.
Papel aluminio.

En la carnicería se pide que muelan juntas las tres carnes. Se le añade el huevo, galleta sal y pimienta. Se revuelve todo muy bien. Se hacen rolles con papel aluminio. Una vez que estén todos los rollos se cocinan en una olla grande con agua, cebolla, laurel, sal y pimientas enteras. Aproximadamente por una hora. Sáquelos y refrigérelos de 12 a 24 horas. Ya fríos antes de servirlos se parten en rebanadas y se adornan con pimiento morrón, aceitunas o huevo cocido.

LENGUA ALMENDRADA

INGREDIENTES:

1 lengua grande.
2 jitomates.
1 raja de canela grande.
2 clavos de olor.
150 g. de almendras.
1 ½ rebanadas de pan Bimbo.

Se pone a cocinar el jitomate, la canela, los clavos y almendras doradas en un poco de aceite, en el mismo aceite se dora el pan, se pela el jitomate y se licúa todo junto y ahí se le pone la lengua rebanada ya cocida y se le agrega un poco de jugo de jalapeño y chicharos.

CHULETAS AHUMADAS

INGREDIENTES:

1 ramita de perejil.
6 chuletas ahumadas.
2 cebollas grandes.
3 jitomates grandes.
4 cucharaditas de mostaza.
3 cucharadas de manteca o aceite.
1 diente de ajo.
Sal y pimienta al gusto.

Las chuletas se lavan, se untan con la mostaza y se sazonan con sal y pimienta al gusto (puede no ponerles, ya que las chuletas vienen saladas). Se calienta la manteca en un sartén y se fríen las chuletas. Se añade la cebolla en rebanadas.

CARNE EN SU JUGO

INGREDIENTES:

500 g. de carne de puerco en tasajo chico.
500 g. de carne de res en tasajo chico.
Chiles jalapeños al gusto.
100 g. de tocino.
100 g. de jamón.
1 ramita de cilantro.

Se fríe el tocino y es esa grasa se le da un sofrita a la carne que ya tendrá pimienta y el ajo. Se le agrega el jamón y el tocino y un cuadrito de consomé de pollo (Knorr Suiza) y uno de consomé de pollo con tomate (Consomate). También se le agrega un litro de agua, el chile picadito y el cilantro. Se pone en la olla express durante 15 minutos.

LOMO SERPENTINA

INGREDIENTES:

750 g. de lomo de puerco hecho cecina.
2 huevos crudos.
2 huevos cocidos.
3 bolas de chorizo crudo.
250 g. de carne de puerco molida.
3 cucharadas soperas de perejil picado.
3 chiles jalapeños partidos en rajitas.
50 g. de manteca.
500 g. de jitomate asado y molido con una cebolla frita en mantequilla
    y dos clavos y un diente de ajo.
Sal y pimienta.

Se extiende la carne molida sobre la tabla de amasar, se espolvorea de pimiento, después de le agregan los dos huevos crudos, sal al gusto, las bolas de chorizo desmenuzadas, se mezcla todo muy bien con la mano, y se unta esta carne sobre la carne hecha cecina, en seguida se ponen las yemas de los huevos cocidos desmenuzadas, luego el perejil picado, después la clara picada y por último tiras de chile jalapeño. Se enrolla lo más apretado posible y se coce con aguja e hilo. Se pone aceite a requemar, y ahí se fríe el lomo, cuando esté un poco dorado se le agrega el agua caliente casi a cubrirlo, un poquito de vinagre y una hoja de laurel un poco de mejorana, dos dientes de ajo, sal al gusto y un poquito de pimienta. Cuando se haya resecado se deja a que se fría, y se le agrega el jitomate molido, se sazona con un poquito de mostaza y sal al gusto, hasta que quede una salsa.

NOTA: Se puede servir frío, cuando sea así se suprime la salsa de jitomate y solo se rebana y se sirve con cualquier ensalada.

LENGUA ALMENDRADA

INGREDIENTES:

1 lengua.
3 o 4 chiles coros.
3 o 4 ajos grandes.
1 pedazo grande de bolillo frito.
3 o 4 jitomates grandes cocidos.
Almendras al gusto.

Se muele todo, se fríe en tantita grasa, se le pone jugo de la lengua que ya estará cocida, se deja que hierva y que espese un poco y se le pone enseguida la lengua rebanada ya cocida. Se acompaña con cualquier ensalada de lechuga.

ROSCA DE CARNE

INGREDIENTES:

250 g. de carne de res molida.
250 g. de carne de puerco molida.
125 g. de zanahoria cocida y picada.
2 pasillas verdes asadas y picadas.
1 taza de galleta de soda molida.
1 lata de salchicha rebanada.
2 huevos.
50 g. de tocino picado.
100 g. de tocino en rebanadas.

La carne se revuelve con la zanahoria, tocino picado, pasilla picada, galleta, huevo y salchicha rebanada, se sornan con sal y pimienta. En un molde engrasado se cubre con el tocino rebanado se le pone la carne apretándola y se cubre con más tocino. Se mete al horno a que se cosa y dore un poco.

LOMO MECHADO CON PIÑA

INGREDIENTES:

1.500 g. de lomo de puerco.
250 g. de jamón.
100 g. de tocino.
1 cebolla.
4 dientes de ajo.
2 latas de jugo de piña.

Se mecha el lomo con el jamón, se pone el tocino a derretir para que se le salga la grasa, se le agrega el lomo ya mechado, enseguida la cebolla licuada con los ajos, y se deja dorar, ya que haya dorado se le pone el jugo de piña y un poco de agua, se tapa a que se suavice, se le acompaña con una ensalada al gusto.

BISTECS DE RES Y PUERCO (O POLLO)

INGREDIENTES:

2 libras de bistec.
2 zanahorias.
2 calabacitas.
1 taza de chicharos.
1 pasilla asada y partida en rajas.
2 papas grandes.
150 gramos de chicharos.
1 chayote.
1 rama de perejil.
6 jitomates grandes.
1 cebolla grande en rebanadas.

Los bistecs se aplanan un poco para que no estén muy gruesos, se untan de ajo, pimienta y el jugo de tres limones, se deja reposar, enseguida se les agrega una cucharadita de mostaza se pone la cazuela en la lumbre y se agrega un poco de a aceite, se retira del fuego y se acomoda la carne y las siguientes verduras: Zanahoria, calabacita, chicharos, pasilla verde en rajas, papas, ejotes, chayote y una rama de perejil, todo esto en crudo y a lo último el jitomate y la cebolla en rebanadas, si se hace con carne se le agrega un vaso de jugo de naranja, si es pollo con la mitad del jugo y se le agrega el agua y sal tanteando mientras se cose, se sirven con chile jalapeño al gusto.

CORONA DE CARNE

INGREDIENTES:

500 g. de carne de res molida.
100 g. de jamón.
50 g. de mantequilla.
100 g. de tocino.
1 taza de leche.
1 taza de polvo de galletas.
Sal y pimienta al gusto.

Se muele el jamón junto con la carne, revuelve todos los ingredientes menos el tocino. Forme el fondo de un molde de rosca con el tocino, apriételo al molde para que no se pegue al vaciar el relleno, acomode el relleno en el molde apretándolo también, corte el exceso de tocino. Hornéelo a 175 °C. por espacio de 30 minutos o un poco más. Al sacarlo del horno se deja enfriar 5 minutos y se vacía a un platón caliente, acomodándolo en el centro. Rállele encima suficiente queso parmesano.

CARNE A LA MEXICANA

INGREDIENTES:

1 kg. de lomo de cerdo.
150 g. de jamón.
100 g. de aceituna.
500 g. de jitomate.
100 g. de cacahuate, pelado.
500 g. de papita de cambray ya peladas.
1 cebolla.
½ cucharadita de perejil picado.
½ litro de caldo.
1 raja de canela.
2 clavos de olor.
Sal y pimienta.
Aceite, el necesario.

El lomo se mecha con el jamón, aceitunas y perejil picado, se fríe en aceite y se le agrega todo lo demás molido con el caldo, menos las papitas, y se le agrega al lomo, se deja cocer a que quede blandito y se le agregan las papitas a que se cuezan.

COSTILLAS DE CERDO ADOBADAS

INGREDIENTES:

8 costillas de puerco grandes.
100 g. de chile ancho.
3 chiles pasilla seca.
1 cucharada de orégano.
2 dientes de ajo.
1 cebolla.
1 clavo de olor.
1 hoja de laurel.
1 taza de vinagre.
10 aceitunas.
Pan molido.
6 pimientas.
1 raja de canela.
50 g. de queso seco.
1 copa de vino blanco.
1 cucharada de cebolla picada.
1 lechuga romanita.

Las costillas se aplanan ligeramente y se ponen desde la víspera en el siguiente adobo: Los chiles se desvenan y tuestan, se remojan y muelen con el ajo, cebolla, clavo, pimienta, canela y orégano, laurel y vinagre. Se sazonan con sal. De vez en cuando se les da la vuelta a las costillas para que se impregnen bien por todos lados. Se sacan, se les quita el exceso de adobo y mojadas se empanizan y fríen en aceite bien caliente para que doren parejo. Se acomodan en un platón. Se adorna con lechuga. Aparte el adobo se fríe en dos cucharadas de aceite, se le agrega un vaso de vino blanco y se deja hervir un poco, se le agrega por último la cebolla picada y el queso desmoronado. Se vacía sobre las costillas al servir.

PUCHERO DE RES

INGREDIENTES PARA 100 PERSONAS:

20. kg. de carne para puchero.
4 kg. de zanahoria.
3 kg. de chayote sin espinas.
1 col grande.
3 poros.
2 cabezas de ajo.
10 ramitas de hierbabuena.
30 litros de agua (Aproximadamente).
Sal al gusto.

La carne se lava muy bien al chorro de agua. Se pone a cocer con agua, sal, las cabezas de ajo y la hierbabuena.

Mientras, limpie las zanahorias y córtelas en mitades, limpie los chayotes y rebánelos en mitades al igual que los poros. Cueza las verduras con sal. Cuando la carne se haya cocido, añada las verduras ya cocidas.

Deje hervir un poco más y compruebe la sal.

ARROZ RELLENO AL HORNO

INGREDIENTES:

¼ de kg de arroz.
1 raja de canela.
¼ de litro de crema dulce.
¼ kg. de carne de puerco.
2 o 3 jitomates.
3 chiles poblanos.
1 cebolla.
1 cucharada de manteca para freír.
Sal al gusto.

Se pone a coser el arroz con sal y 1 rajita de canela calculando que al reposar quede cocido. La carne se cuece con ajo y sal, se deshebra y se prepara el relleno, se pica la cebolla, el jitomate y los chiles asados y en tiritas, el arroz se revuelve con la crema en un refractario untado de mantequilla, se pone la mitad de arroz, enseguida el picadillo, después el demás arroz, se mete al horno una media hora, se sirve para acompañar algún guisado o también solo, se sazona con sal y pimienta.

TACOS

CALABACITAS RELLENAS DE QUESO

INGREDIENTES:

1 kg. de calabacitas.
200 g. de queso chihuahua.
1 cebolla grande.
1 jitomate.
1 diente de ajo.
Sal y pimienta al gusto.

Se ponen a cocer las calabacitas pero que queden un poco crudas, se estilan un poco y se parten por la mitad a lo largo y se les saca la pulpa con una cuchara. Aparte se pica la cebolla, el jitomate y el ajo finitos y se revuelve con la pulpa de las calabacitas, se guisa en poco aceite, con esto se rellenan las calabacitas y se les ralla suficiente queso encima.

En un molde refractario se acomodan y se meten al horno para que el queso se gratine, se sacan y ya para servirse se bañan con la siguiente salsa:

500 g. de jitomate.
Ajo.
Sal y pimienta al gusto.

Se cocina el jitomate, se licua con el ajo y se sazona con sal. Se fríe un poco.

CALABACITAS EN SALSA BLANCA

INGREDIENTES:

500 g. de calabacitas tiernas.
1 chile verde grande.
50 g. de mantequilla.
1 cucharada de harina.
1 ½ taza de leche.
50 g. de queso.
4 cucharadas de cebolla picada.

Se pone a cocer la calabacita con sal y una cucharadita de azúcar, se deja enfriar y se rebana. En la mantequilla se acitronan la cebolla, se agrega la harina y cuando empieza a tomar color se le agrega la leche meneando rápidamente, se le agrega el chile que ya estará en rajas y se sazona con sal y pimienta. Se deja hervir a que espese un poco y se vacía sobre las calabacitas que estarán en un molde refractario, se le pone el queso encima y se mete al horno unos minutos.

TAQUITOS DE JOCOQUE

INGREDIENTES:

25 tortillas.
½ litro de jocoque.
1 queso fresco grande partido en tiras.
2 pasillas verdes asadas y partidas en rajas.
Grasa la necesaria.

Se procura que sean tortillas chicas y delgadas. Se les quita la cara y se les da una pasada por manteca o aceite bien caliente, como si se fueran a hacer enchiladas. Después se bañan bien de jocoque o crema, se rellenan con queso fresco y tiritas de pasilla verde, asadas y desvenadas. Se colocan en un platón de loza refractaria, poniendo una capa de taquitos, enseguida crema y queso y más taquitos, procurando que a lo último queden la crema y el queso y rajas de pasilla, se meten un ratito al horno para que doren un poco y se sirven.

TAQUITOS DE JOCOQUE Y PASILLA VERDE

INGREDIENTES:

24 tortillas.
2 quesos frescos.
2 pasillas verdes.
350 g. de jocoque o crema.

A la tortilla se les quita la cara y se les da una pasada por aceite o manteca, como si fueran enchiladas, después se embarran muy bien con el jocoque o crema con sal al gusto, se les pone en medio una rebanada de queso fresco y unas tiras de pasilla verde asada y se meten 10 minutos al horno.

TACOS DE HOJAS DE COL

INGREDIENTES:

1 col mediano deshojado con cuidado.
½ libra de carne de res molida.
2 papas medianas.
1 taza de chícharos.
2 zanahorias.
150 g. de mantequilla.
150 g. de queso amarillo.

1 col mediano, se le quitan las hojas con mucho cuidado, se ponen a cocer hasta que se ablanden con sal, se guisa la carne molida con verduras picaditas como picadillo, en un refractario untado de mantequilla y con las hojas, bien escurridas, se van haciendo taquitos. Se acomodan en el refractario, se bañan de crema, pedacitos de mantequilla, queso amarillo y se le pone el resto del relleno y se meten al horno regular de 10 a 15 minutos.

TACOS DE CREMA

Se asan 2 pasillas verdes (chiles poblanos), se desvenan y se hacen tiritas y se ponen a freír en poca manteca o aceite, ahí mismo se fríe también 4 jitomates cocidos y molidos, cuando han hervido un poco, se le agregan 250 g. de crema, sazonándose con sal y un puntito de azúcar. Después se fríen las tortillas, procurando que no doren, enseguida se moja en la salsa de crema, poniéndoles en medio unas tiritas de chile y otras de queso o panela y se hacen los taquitos que se van acomodando en un molde refractario. La salsa sobrante se les pone encima y se espolvorean con más queso rallado. Se meten un ratito al horno a que doren.

TORTAS DE PAPA

INGREDIENTES:

½ de papas amarillas.
3 huevos.
30 g. de queso seco.
1 cucharada de harina.
1 cucharada de cebolla picada.
200 g. de manteca para freír o aceite.
1 lechuga.
Aceite y vinagre.

Las papas se cuecen con todo y cascara, se mondan, se prensan calientes, inmediatamente se les pone la sal, cebolla y el queso desmoronado, se baten los huevos como para tortas, primero las claras añadiéndoles las yemas y la harina, se mezcla con cuidado con las papas con una cucharada y con la misma cucharada se van poniendo porciones en la manteca, bañándolas a que queden doraditas parejito. Se sirve con ensalada de lechuga y una buena salsa de jitomate.

TACOS DE CARNE DE PUERCO

La carne de puerco, (de pierna o de lomo) se pone a cocer en trozos pequeños, con ajo, pimientas enteras y un pedazo de cebolla y sal. Ya que comienza a dorar, se retira del fuego, se enfría y se deshebra.

A las tortillas se les quita la cara, en medio se les pone un poco de carne deshebrada y un poco de queso de Chihuahua rallado, se doblan como taquitos, se prenden con un tenedor y se fríen en bastante aceite o manteca, hasta que queden doraditos. Se sirven con salsa de jitomate y ensalada de lechuga y rábanos.

Nota: Son ricos para botana.

TAQUITOS ENTOMATADOS

INGREDIENTES:

½ kg. de carne de pierna de cerdo en trozo.
375 g. de tomates verdes.
¼ de kilo de crema.
1 cuadrito de Knor Suiza.

Se le pone pimienta y sal a la carne y se le da una doradita, se cubre de agua y se le agrega una cebolla en rebanadas, 4 dientes de ajo grandes picados, orégano, tantitos cominos y 1 cuadrito de Knor Suiza, 1 cucharadita de vinagre. Se deja que se cueza la carne con agua, procurando le quede jugo, con el jugo de la carne se licuan los tomates en crudo y se desmenuza la carne muy bien. Se pasan las tortillas por aceite, al estarlos sirviendo se les pone la carne deshebrada y se doblan como taquitos y se van bañando con la salsa de tomate y crema.

PASTEL DE ARROZ

INGREDIENTES:

250 g. de arroz.
300 g. de crema.
250 g. de chicharo en vaina.
25 g. de mantequilla.
1 pasilla verde.
100 g. de queso seco.
100 g. de galletas sabrosa.
1 queso seco, fresco.

Se pone a cocer el arroz con sal y los chicharos sin pelar, se ralla el queso seco, ya que está el arroz cocido se revuelve con la crema y un poco de sal. Se engrasa un molde refractario y ahí se va acomodando capa por capa de cada ingrediente. Al terminar se le pone el queso rallado. Se mete al horno y debe quedar seco para rebanarse.

PESCADOS Y MARISCOS

El pescado se vende fresco, congelado, salado, ahumado y en conserva. Los pescados planos se venden enteros o en filetes Todos los demás se venden también en rebanadas. Algunos tipos de mariscos se adquieren cocidos, otros como ostiones, almejas etc., se compran frescos. El pescado debe prepararse el mismo día que se compra, si no se va a guardar en el congelador. Servido como platillo principal deben calcularse aproximadamente 200 gramos por persona en filete o en rebanada, si es entero una mojarra grande o una trucha mediana es suficiente.

Por lo general se compra limpio, pero si no es así, hay que limpiarlo uno mismo. La limpieza consiste en quitarle las escamas y las vísceras, si se va filetear también se le quita la piel.

Las escamas se raspan con un cuchillo de poco filo de la cola hacia la cabeza. Se lava bajo al chorro de agua fría. Una vez sin escamas se abre el pescado para quitarle las vísceras. Los pescados redondos tienen las vísceras en el vientre, los planos en una cavidad por detrás de la cabeza.

PESCADO A LA VERACRUZANA

INGREDIENTES:

2 kg. de pescado.
6 jitomates.
1 cebolla.
3 cucharadas de buen aceite.
3 cucharadas de pan molido.
Perejil.
2 diente de ajo.
Chiles jalapeños.
Aceitunas.
Sal, pimienta y jugo de limón.
½ cucharada de mostaza.

El pescado completamente limpio se unta con sal, pimienta y jugo de limón. Los jitomates se asan y se muelen con la cebolla y el ajo, se fríe esta salsa en poco aceite y se le agrega el perejil picado, debe quedar un poco aguada. Se pone el pescado en un molde refractario con la salsa encima y se hornea hasta que esté bien cocido, ya para servirse se le agregan los chiles jalapeños y aceitunas.

ARROZ CON CAMARÓN

INGREDIENTES (Para 6 personas):

250 g. de arroz.
150 g. de manteca o aceite.
100 g. de camarones secos.
¼ de kilo de papas amarillas.
1 diente de ajo.
1 cebolla chica.
1 chile poblano.

A los camarones se les quita la cabeza y las patitas, se lavan y se ponen a cocer en un litro de agua por espacio de 20 minutos.

Se pone a remojar el arroz en agua caliente durante 15 minutos, enseguida se lava, se escurre hasta que esté suave y seco.

Las espinacas o acelgas se cuecen en agua hirviendo con sal y sin taparse, para que queden verdes; y cocidas se estilan.

El jitomate cocido, molido y colado, se fríe en un poco de aceite; con una cucharada de cebolla picadita y un ajo también picado, se le agregan las espinacas cortadas y una cucharadita de mantequilla. En un molde refractario engrasado de mantequilla, se coloca una capa de arroz, trocitos de mantequilla o nata de leche, luego el guisado de las acelgas, y encima el arroz restante, más mantequilla y queso rallado, metiéndose al horno momentos antes de servirse.

ARROZ CON CAMARONES

INGREDIENTES:

Una taza de arroz.
2 dientes de ajo.
2 jitomates grandes asados y sin pellejo.
½ cebolla chica.
2 cucharadas de consomé de pollo Rosa Blanca o un cuadrito de
    Knort Suiza.
3 tazas de agua.
100 g. de camarones grandes, secos y limpios.

El arroz se remoja en agua caliente, después se lava repetidas veces con agua fría y se escurre. Se dora el arroz en aceite bien caliente, junto con los ajos, hasta que tome un bonito color dorado. Enseguida se le añaden los jitomates junto con la cebolla, el agua y los camarones. Se tapa y se cocina a fuego muy lento, hasta que el arroz esté bien cocido.

FILETE DE PESCADO AL HORNO

INGREDIENTES:

1 libra de filete de pescado.
1 lata de sopa de espárragos.
50 gramos de mantequilla para engrasar el molde.

El filete se sazona con ajo, pimienta y sal al gusto, se deja reposar por una hora en un refractario engrasado con mantequilla, se le pone la sopa encima y se mete al horno a 325 grados centígrados, se sirve con ensalada.

ARROZ CON CAMARONES

INGREDIENTES:

500 g. de arroz entero.
300 g. de camarones frescos.
2 jitomates.
3 dientes de ajo.
250 g. de manteca.

Fríase el recaudo picado o molido, agréguese el arroz previamente lavado en varias aguas así a que se medio fría, agréguesele agua en cantidad suficiente para cocerla. Los camarones limpios y sazonados con sal. El agua que se le ha de poner al arroz conviene que sea la resultante del caldo que se haga de las cabezas y los surrones; pues a estas piezas se le desperdicia mucho su sabor al no usarse.

CEVICHE DE PESCADO

INGREDIENTES:

500 g. de filete de pescado (huachinango, sierra, cazón, o pargo blanco molido).
½ taza de jugo de limón.
1 cebolla grande finamente picada.
4 zanahorias peladas y picadas.
¼ taza de apio finamente picado (el corazón).
1 pepino pelado finamente picado.
2 jitomates picaditos.
1 manojito de cilantro y perejil finamente picado.
½ taza de aceitunas verdes picadas.
¼ taza de aceite de oliva o de cocina.
Sal al gusto.
Tostaditas.
Aguacates en gajos o en cuadritos.

Revolver la carne molida de pescado y el jugo de limón, dejarlo reposar una hora. Escurrir muy bien el pescado, para quitarle el exceso de limón; agregarle la sal, revolver, añadir el resto de los ingredientes, revolver y checar si está bien de sal. Refrigerar.

Servir en tostaditas adornando con gajos o cuadritos de aguacate.

HUACHINANGO A LA PARRILLA

INGREDIENTES:

4 filetes de huachirango.
50 g. de mantequilla.
Sal y pimienta.
Limón.

Caliente el asador hasta obtener un fuego moderado.

Unte el pescado con mantequilla fundida y ponga bajo el asador de 3 a 5 minutos por cada lado, o hasta que el pescado esté hecho.

Ponga el pescado en una fuente caliente de servir y condimente ligeramente.

Sírvase con trozos de limón.

ROLLOS DE HUACHINANGO

INGREDIENTES:

1 kg. de filete de huachinango.
Jugo de limón.
1 cebolla picada.
Perejil picado.
200 g. de mantequilla.
1 lata de pimientos morrones.
1 lata de champiñones.

Se lava el pescado muy bien y se le pone jugo de limón, pimienta y sal, se deja en un lugar fresco más de una hora.

La mitad de la mantequilla se fríe la cebolla picada, cuando está transparente, se le agrega la mitad de la lata de los pimientos morrones picaditos, sal y pimienta blanca, los champiñones y el perejil picado. A cada filete se le pone un poco de relleno, se enrollan y se van colocando en un platón refractario untado de mantequilla. Ya que están en el platón se les pone el resto de los pimientos morrones y perejil también picado y trocitos de mantequilla. Se mete al horno hasta que el pescado está cocido. Se sirven con cualquier ensalada.

TORTILLAS DE ATÚN

INGREDIENTES:

1 lata chica de atún.
1 huevo.
2 rebanadas de pan blanco.
½ taza de leche.
3 cucharadas grandes de salvado, tostado.
3 cucharadas grandes de aceite para freír.

El salvado y el pan se remojan en la leche, el atún se desmenuza.

Estos ingredientes y el huevo se revuelven en un recipiente para formar una masa. Se deja reposar un momento. Se van haciendo tortitas y se van friendo muy caliente. Se sirven con una ensalada y con una salsa de jitomate.

ROSCA DE ATÚN

INGREDIENTES:

2 latas de atún chicas.
½ tazas de apio picado.
3 cucharadas de aceituna picadas.
2 cucharadas de pimiento morrón picado.
1 cucharadita de vinagre.
Sal y pimentón molido.
2 yemas de huevo.
¾ de taza de leche.
2 cucharadas de mantequilla.
¾ de taza de mayonesa.
1 cucharadita de mostaza.
15 g. de grenetina.
1 limón.

Se pone al fuego lento la leche, las yemas, la mantequilla, la mayonesa y la mostaza, se deja a que espese un poquito.

Por separado, se desbarata en ¼ de taza de agua fría la grenetina, se le agrega el jugo de limón, esto se agrega a la crema que se preparó fuera de la lumbre, revolviendo con el atún en trocitos, el apio picado, las aceitunas picadas, el vinagre, sal y pimentón, se vacía en un molde de rosca y se mete al refrigerador, se saca, se vacía sentando el molde sobre agua ligeramente caliente, se decora la rosca con aceituna y tiritas de morrón, se sirve con ensalada que colocaremos alrededor para adornar la misma.

LANGOSTINOS CON SALSA DE TAMARINDO

INGREDIENTES:

1 kg. de langostinos frescos partidos a la mitad.
½ kg. de tamarindo pelados y sin huesos.
2 pimientos verdes.
2 pimientos rojos.
½ cebolla.
1 diente de ajo.
2 cucharaditas de azúcar.
Sal al gusto.

Se pone a hervir el tamarindo en un litro de agua y se deja ahí hasta que el agua se consuma a ½ litro. Luego se licuan y se cuelan. Se licuan los ingredientes restantes y se le agrega el agua de tamarindo.

En un recipiente se pone aceite a calentar y se le agrega la mezcla para que tome consistencia de salsa. En otro recipiente se colocan los langostinos ya sazonados, se cubren con la salsa y se meten al horno a que se cuezan.

PESCADO PEQUEÑOS AL GUSTO

INGREDIENTES:

6 pescados pequeños.
2 dientes de ajo.
4 hojas de salvia.
1 manojito de perejil.
2 cucharadas de aceite.
Sal y pimienta al gusto.

Se pica finamente el ajo, la salvia y el perejil, agregándole el aceite y se bate con un tenedor. Con esto se rellenan los pescados previamente untados con sal y limón. Se ponen sobre la parrilla y cuando están tostaditos están listos para servirse con un chorrito de limón.

FILETE DE PESCADO FUNDIDO

INGREDIENTES:

1 kg. de filete de pescado.
2 tazas de verdura cocida y picada en pedazos alargados (zanahoria,
    papas, chicharos, calabacitas y ojotes).
2 huevos.
¼ de queso Oaxaca.
¼ de queso Chihuahua.
¼ de crema.
¼ de taza de leche.
¼ de taza de harina.
Ajo, sal y pimienta.

Se lavan los filetes y se ponen una hora al mojo de ajo con pimienta y sal, se escurren bien, se secan con un papel y se enharinan por los dos lados. Se pone bastante aceite en un satén a calentar y en otro recipiente se bate el huevo a punto de listón y se le agrega la leche y un poco de sal.

Los filetes de pescado enharinados se pasan por el huevo y se fríen en la grasa por los dos lados y se van acomodando en un molde refractario.

Ya que quedó frito todo el filete, se cubre con una capa de verduras y encima se le pone el queso rallado y la crema; se sazona con sal y pimienta, se mete al horno a que se funda el queso y está listo para servir.

ASPIC DE ATÚN

INGREDIENTES:

2 latas chicas o una grande de atún.
2 cucharadas de cebolla finamente picada.
4 cucharadas de mayonesa.
4 chiles morrones.
4 cucharadas de grenetina sin sabor, disueltas en una taza de agua fría.
1 o 2 chiles jalapeños picaditos.
Aceitunas al gusto picadas finamente.
1 lata chica de leche clavel.

Todos los ingredientes se licúan, menos las aceitunas y los jalapeños. Ya que está todo bien licuado se le ponen las aceitunas y los jalapeños en cuadritos y se vacía todo a un molde larguito o de rosca previamente engrasado de aceite de cocina y se mete al refrigerador hasta que cuaje. Se vacía a un platón y se adorna con mayonesa por encima, chiles morrones y perejil chino alrededor.

GELATINA DE ATÚN

INGREDIENTES:

1 lata de atún.
1 sobre de gelatina Knox.
¼ de taza de agua.
½ de taza de agua hirviendo.
¾ de taza de mayonesa.
½ taza de apio.
½ taza de zanahoria (picadas).
½ taza de pepino.
2 cucharadas de pimiento morrón.
1 ½ cucharadas de jugo de limón.
Sal y pimienta al gusto.

La gelatina se disuelve en el agua fría, para después añadirlo al agua hirviendo y la mayonesa.

Todos los demás ingredientes se mezclan suavemente, con la zanahoria, el apio, pepino y pimiento morrón picaditos y el jugo de limón. Se humedece un molde y ahí se pone la mezcla, se mete al refrigerador de 4 a 5 horas antes de servirse.

TORTAS DE ATÚN

INGREDIENTES:

1 lata de atún.
4 papas cocidas y prensadas.
1 huevo.
4 cucharaditas de perejil picado.
4 cucharaditas maicena.
Sal al gusto.

Se desmenuza muy bien el atún con un tenedor y se le agregan todos los demás ingredientes. Se hacen las tortitas y se fríen hasta que estén bien doradas. Se sirven con alguna ensalada.

COCTEL DE CAMARONES

INGREDIENTES:

4 jitomates maduros sin cáscara.
1 cebolla chica.
El jugo de 1 limón.
Sal y pimienta al gusto.
Salsa picante al gusto.
24 camarones cocidos.
12 aceitunas rellenas.

Mezcle los jitomates y el jugo de limón. Sazónese con sal, pimienta, cebolla y salsa picante. Agregue los camarones. Coloque en copas y decórese con las aceitunas.

PARGO O ROBALO EN SALSA VERDE

INGREDIENTES:

1 ½ kg. de filete de pescado.
400 g. de tomate verde de bolsa.
6 chiles verdes.
Cebolla, ajo, pimienta y sal.
3 cucharadas de harina.
½ taza de perejil.
½ taza de aceite.

Se parte el pescado de un grueso regular, se lava muy bien, se le pone sal y limón y se deja reposar como por una hora en el refrigerador. Los tomates se pelan y se les da una ligera cocida, luego se licúan con una taza de agua y la harina. En el aceite se acitrona la cebolla rebanada finamente y después se le pone el chile y el tomate que licuamos, se deja a que hierva un rato, luego se le agrega el pescado sazonado con sal y pimienta, se deja que hierva y que el pescado esté cocido quedando la salcita espesa.

SOPAS

SOPA DE PESCADO

INGREDIENTES:

1 huachinango partido en pedazos con todo y cabeza.
½ kg. de jitomate.
1 cebolla de tamaño regular.
2 Papas.
3 zanahorias.
Un poco de cilantro.
Ajo al gusto.

En un poco de aceite, se fríe una cucharada de harina hasta que tome color oro, enseguida se le agrega el jitomate asado, molido con la cebolla, ajos y cilantro, se le pone bastante agua y allí se pone el pescado junto con las verduras, se sazona con sal, se deja hervir hasta que esté cocido el pescado.

SOUFFLE DE PAPA

INGREDIENTES:

1.250 g. de papa.
1 queso frasco grande.
1 huevo.
2 rebanadas de jamón.
2 zanahorias.
100 g. de chicharos.
2 cucharadas de mantequilla.

Se cuece toda la verdura en la olla, se prensan calientes y peladas las papas, se revuelven con las zanahorias picada, los chicharos, el huevo, el queso desmenuzado, la mantequilla y el jamón picado, se pone en un molde refractario 20 minutos a 175 °C.

TRONCO DE FRIJOL

INGREDIENTES:

250 g. de frijol cocido.
250 g. de lomo de cerdo.
1 Cebolla chica.
2000 g. de jitomate.
3 chiles jalapeños.
1 lata de chica de chiles chilpotles.
200 g. de manteca.
100 g. de queso.
1 manta húmeda.

Se escurre muy bien el frijol cocido. Aparte se muele la cebolla con el jitomate. Los chiles picados y se fríe todo junto en poco aceite, una vez frito se le agrega la carne que ya estará cocida y deshebrada, y se deja hervir hasta que se seque. Aparte se fríen los frijoles con la manteca. En la manta húmeda se espolvorea el queso rallado, encima de este se extienden los frijoles y por último el relleno, se enrolla, se le da forma de tronco, se ralla con un tenedor. Se sirve caliente.

SOPA DE HIGADITOS

INGREDIENTES:

½ libra de higaditos de pollo.
¼ de mollejas de pollo.
1 jitomate.
¼ de una cebolla.
1 huevo cocido.
½ cucharada de perejil.
Sazonador de pollo al gusto.

Se ponen a cocer los higaditos y unas mollejas, se fríe un poco de jitomate con cebolla y se le pone huevo cocido en cuadritos, se le agrega un poco de perejil picado y un poco de sazonados o jugo Maggi.

SOPA DE FIDEO CON GUAJILLO

INGREDIENTES:

200 g. de fideo.
2 guajillos.
3 jitomates medianos.
1 pedazo de cebolla.
2 dientes de ajo.
100 g. de queso cotija.

El fideo se fríe hasta que dore y se saca, los guajillos se ponen a remojar y se muelen junto con los jitomates, cebolla y ajo, después se cuela y se fríe esta salsa en aceite, se le agrega el fideo y un poco de caldo de pollo o un cubito de consomé y tantita agua para que se termine de cocer, se deja a fuego suave hasta que se seca. Al servirla se le pone el queso encima y rallado.

NOTA: Si se le pone caldo hay que sazonarlo.

SOPA DE FRIJOL

INGREDIENTES:

2 tazas de frijoles cocidos y licuados.
50 g. de tocino.
4 tortillas (cortadas en tiritas y fritas).
Queso y crema al gusto.

Se fríe el tocino en un poquito de aceite, se agregan los frijoles licuados y se deja hervir, se le agrega el agua necesaria para dar la consistencia adecuada. Al momento de servir se agrega el queso, la crema y las tiritas de tortilla.

SOPA DE CEBOLLA

INGREDIENTES:

500 g. de cebolla delgada.
4 cucharadas de mantequilla.
Tomillo y laurel al gusto.
4 tazas de agua caliente o caldo de pollo o res.
2 cuadripollo Maggi.
2 tazas de queso club chester rallado.

Fría suavemente la cebolla en la mantequilla, revuelve constantemente hasta que esté transparente. Agregue tomillo y laurel.

Vierta el agua caliente y agregue los cuadripollos. Deje hervir durante 5 minutos. Sirva bien caliente, espolvoree bastante queso parmesano. Se puede poner pan encima y sobre este el queso y hornear.

SOPA DE ESPAGUETI

INGREDIENTES:

1 paquete de espagueti.
3 jitomates asados.
½ taza de leche.
3 bolitas de chorizo.
250 g. de crema.
100 g. de queso asadero.
Sal al gusto.

Se pone a hervir agua, cuando esté hirviendo se vacía el spaguetti y se le pone tres hojas de laurel y unas dos rebanadas de cebolla, ya que está cocido se estila. Se asan los jitomates, se pelan y se muelen en la licuadora. Se les agrega la leche, crema y sal. Se engrasa un molde con mantequilla, ahí se acomoda el spaguetti, se baña con la salsa de jitomate, se le espolvorea el queso rallado y se hornea.

CREMA DE ZANAHORIA

INGREDIENTES:

1 taza de zanahoria cruda y picada.
1 cucharada de cebolla picada.
1 tallo de apio regular picado.
50 g. de queso amarillo.
50 g. de mantequilla.
1 ½ taza de leche evaporada.
½ taza de agua.
Sal y pimienta al gusto.

Coloque en un recipiente de su licuadora los ingredientes, menos la mantequilla, tape y licue en alta velocidad durante tres minutos.

En una cacerola funda la mantequilla a fuego moderado, vacíe los ingredientes licuados y sazónelos por cinco minutos.

Sírvase con pan dorado y crema.

CREMA DE ELOTE

INGREDIENTES:

50 g. de queso seco.
2 dientes de ajo finamente picados.
6 elotes tiernos.
1 jitomate grande licuado sin pellejo.
2 litros de caldo de pollo.
2 chiles poblanos, pasilla verde en rajas.
1 rama de epazote.
Sal y pimienta al gusto.

En una cacerola se pone una cucharada de aceite y se fríe el ajo y la mitad de los granos de elotes, cuando están ya cocidos se les agrega el jitomate licuado con el resto de los granos de elotes, sal y pimienta. Ya cocido y sazonado esto se le agrega el caldo y las rajas. Se deja hervir un rato y se le agrega el epazote.

SOPA DE PAPA AL HORNO

INGREDIENTES:

2 kg. de papas cocidas, peladas y rebanadas.
¾ kg. de crema.
125 g. de mantequilla.
250 g. de jamón picado.
250 g. de queso amarillo.
300 g. de queso Chihuahua rallado.
2 Chiles jalapeños picados finitos.
Sal y pimienta al gusto.

Se engrasa un molde refractario grande cuadrangular, y se va poniendo una capa de papa, la crema sazonada con sal y pimienta, se le pone trocitos de mantequilla, jamón, el queso amarillo y el queso Chihuahua, chile jalapeño, así hasta terminar con queso.

Se hornea por 20 minutos a 175 °C.

CREMA DE VERDURAS

INGREDIENTES:

2 zanahorias.
2 papas.
2 calabacitas.
1 leche Clavel.
1 cucharada de mantequilla.

Se cocina toda la verdura y se licúa. Aparte en un sartén se pone la mantequilla a fundir, se le vacía la leche clavel y un poco de agua, se le añade la verdura. Se deja hervir. Se sirve con huevo cocido o con pan dorado.

SOPA DE CODITO AL HORNO

INGREDIENTES:

250 g. de codito.
250 g. de crema.
1 pimiento morrón verde.
100 g. de queso seco.
125 g. de tomate verde.

Se pone a la lumbre dos litros de agua con 1 cebolla, 1 ajo, y un chorrito de aceite, cuando suelte el hervor se le pone el codito a cocer. Ya que está se escurre. Aparte se engrasa un molde con mantequilla, se le riega un poco de queso seco y se le pone una capa de codito, encima se le pone crema que ya estará licuada y colada con el pimiento morrón, los tomates, luego otra capa de codito, y así hasta terminar con queso y un poco de natas para que se dore. Se mete al horno.

SOPA DE CANELONES RELLENOS

INGREDIENTES:

250 g. de macarrón.
250 g. de crema.
1 lata de jamón endiablado.
100 g. de queso amarillo.
1 cucharada de mostaza.
1 cebolla chica.
Salsa inglesa, sal, perejil y pimienta.

Se pone cocer la pasta con cebolla, aceite, laurel, tomillo y orégano por espacio de 15 minutos. En agua hirviendo, ya cocidos se refrescan en agua fría, se estilan. Se rellenan con el jamón, la mitad del queso rallado, la mostaza, sal, salsa inglesa, pimienta y un poco de crema, cuidando de que no se rompan. Se engrasa un molde refractario con la mantequilla y se acomodan los canelones, se bañan con la crema poniendo encima el resto del queso rallado. Se mete al horno por 15 minutos. Encima se le ponen hojitas de perejil picado.

GASPACHO

Jitomates frescos licuados en crudo y colados, se sazona con jugo de naranja, limón, sal y pimienta. Se pone a refrigerar hasta que quede fresco, no helado, y se le incorpora fruta picadita: pepino, melón, piña, mango, papaya.

SOPA DE MACARRÓN CON JAMÓN Y QUESO AMARILLO

INGREDIENTES:

1 paquete de macarrón.
¼ de kg. de jamón.
¼ kg. de queso amarillo.
200 g. de jitomate.
1 cucharada de Knor Suiza en polyo.
½ kg. de crema.
Sal y pimienta al gusto.
1 pedazo de cebolla.

El macarrón se pone a cocer con sal y luego se estila.

En una cacerola se fríe el jitomate molido junto con la cebolla, luego se agrega la crema a que se sofría el macarrón, la pimienta molida y la cuchara de Knorr Suiza. Todo esto que se sazone bien, ya listo se acomoda en un refractario una capa de macarrón y otra de jamón y queso. Se tapa a que tome sabor y se sirve (no se mete al horno).

SOPA DE CEBOLLA

INGREDIENTES:

100 g. de jamón (un solo trozo).
4 cebollas regulares.
2 cucharadas de mantequilla.
1 lata chiquita de chile jalapeño (solo el vinagre).
2 cubitos de consomé (o 2 cucharaditas si es en polvo).

Se rebanan las cebollas en rebanadas delgadas y se fríen en la mantequilla, cuando acitrone se le agrega agua y el consomé, un poco de vinagre de los elotes y el jamón en cubitos pequeños, se deja hervir hasta que sazone y se prueba de sal.

SOPA DE ELOTE

INGREDIENTES:

6 elotes tiernos.
3 yemas de huevo.
100 g. de mantequilla.
300 g. de aguacate.
⅛ de litro de avena.
1 ½ de caldo de pollo.
100 g. de queso panela.
Sal y pimienta.

En la mantequilla se fríe el jitomate asado, molido con la cebolla y el diente de ajo, se le agrega 3 elotes previamente desgrasado molidos y disueltos en caldo, se sazona con sal y pimienta, agregándole los 3 elotes crudos y desgrasados, se deja hervir hasta que el elote esté cosido, se reseca, se le agrega un poco de rúas, el caldo se vacía a la sopera donde estarán las yemas batidas con la avena y cuadritos de queso panela, se sirve con trocitos de pan dorado.

SOPA JULIANA

INGREDIENTES PARA 100 PERSONAS:

3 kg. de calabazas.
1 kg. de zanahoria.
2 kg. de papas.
1 kg. de ejote.
1 kg. de chicharo (precocido).
1 col grande.
1 poro.
2 kg. de espinacas.
6 pechugas (cocidas y deshebradas).
1 litro de aceite.
½ kg. de harina.
Sal al gusto.
Agua, la necesaria.
½ taza de consomé en polvo.

Corte las calabazas, zanahorias y las papas en cuadritos, despunte los ejotes y píquelos al igual que la col, las espinacas y el poro. Lave los ingredientes y escúrralos.

Caliente el aceite en una cazuela y dore la harina ligeramente, añada el poro sin dejar de mover. agregue el agua (2 litros) y siga moviendo para evitar que se formen grumos. Añada el caldo de las pechugas.

Deje hervir durante 5 minutos sin dejar de mover. A continuación, agregue las verduras y las pechugas desmenuzadas. Agregue sal al gusto y deje cocer las verduras, puede añadir un poco más de agua y cuide que no se espese.

Nota: Debe quedar caldosita.

ARROZ A LA MEXICANA

INGREDIENTES PARA 100 PERSONAS:

8 kg. de arroz (remojado, enjuagado y escurrido).
5 kg. de jitomate.
1 cebolla grande.
1 cabeza de ajo.
4 kg. de chicharos (pelados).
3 kg. de zanahorias.
10 ramitas de perejil (lavadas).
5 litros de aceite.
10 litros de agua o caldo de pollo.
Sal, la necesaria.
Nota: Puede substituir el caldo de pollo por ¾ de taza de consomé en polvo.

Caliente el aceite (5 litros), en una cacerola, vierta el arroz y dore a fuego lento hasta que todos los granos se hayan separado. Mientras tanto, licúe los jitomates con las cebollas y los ajos. Cuele esta mezcla y agréguesela al arroz, añada un poco más de agua o caldo junto con las ramas de perejil, los chicharos y las zanahorias.

Finalmente agregue sal al gusto y agua para terminar su cocción.

ESPAGUETIS

SALSA DE CARNE PASTA PARA CUBRIR ESPAGUETI

INGREDIENTES:

1 taza de cebolla picada.
½ kg. de carne de res y puerco molido.
¼ de taza de perejil picado.
1 cucharada de orégano molido.
1 cucharada de sal.
1 hoja de laurel.
1 lata de puré de tomate.
1 cucharada de azúcar.
1 diente de ajo.

En poco aceite se fríe la carne con la cebolla y el ajo, hasta que la carne esté doradita, entonces se agrega el puré, perejil, azúcar y la hoja de laurel. Ya que esté hirviendo se agrega el agua, cuando hierve de nuevo se baja el fuego un poco, se tapa y se deja sazonar la salsa, se vacía sobre el espagueti y se sirve caliente.

MACARRÓN A LA DIABLA

INGREDIENTES:

250 g. de macarrón o espagueti.
100 g. de queso panela.
¼ de litro de crema dulce.
100 g. de mantequilla.
1 lata de jamón del diablo.
1 cucharada de harina.
Sal y pimienta.

Se cocina el macarrón en bastante agua hirviendo con sal, ajos, hierbas de olor y cebolla. Ya cocida se lava en agua fría y se escurre. En mantequilla se fríe la harina y se agrega el jamón endiablado disuelto en un poco de leche, se sazona con sal y pimienta, ya fuera de la lumbre se le agrega la mezcla.

ESPAGUETIS CON ALBÓNDIGAS

INGREDIENTES:

1 huevo.
½ kg. de carne molida.
½ taza de migas de pan, o 2 rebanadas de pan desmenuzadas.
½ taza de salsa para espaguetis.
1 cucharadita de cebolla picada.
½ cucharaditas de sal.

1. Caliente el horno a 204 °C.
2. Parte el huevo en un tazón grande, pártalo ligeramente con un tenedor. Añade la carne molida, las migas de pan, la salsa, la cebolla y la sal.
3. Mezcla todo perfectamente con las manos. Comprime la mezcla hasta que todos los ingredientes estén bien incorporados.
4. Haz las albóndigas de unos 2.5 cm. de diámetro. Acomódalas, sin que se toquen, en un molde para hornear de 32 por 23 cm. de lado, por 5 cm. de alto.
5. Hornea las albóndigas unos 20 minutos. No hay necesidad de voltearlas, se doran uniformemente.
6. Empieza a cocer los espaguetis en cuanto metas las albóndigas en el horno. Comienza a añadir a los espaguetis, el agua y pon a calentar la salsa. Tanto los espaguetis como la salsa deberán de estar listos cuando las albóndigas terminen de hornearse.
7. Coloca en un platón los espaguetis ya escurridos. Retira las albóndigas del molde de hornear y ponlas sobre los espaguetis. Baña todo con la salsa y al servir espolvorea el queso rallado. De a 4 a 6 porciones.

ESPAGUETI CON CARNE

INGREDIENTES:

½ kg. de espagueti.
½ kg. de carne de res molida.
1 barra de mantequilla.
½ taza de salsa Cátsup.
½ taza de puré de tomate.
¼ de queso Chihuahua.
½ cebolla.
Sal, pimienta, mostaza y laurel.

El Spaghetti se cuece a partir del agua hirviendo con ajo y sal, se enjuaga escurriéndose muy bien.

En una sartén se derriten la mantequilla y se agrega el espagueti revolviendo muy bien, se acomoda en un molde refractario. La carne se dora agregándosele las especias, la mostaza, salsa cátsup, puré de tomate, ½ taza de agua, se deja hervir, ya que esté cocida se agrega el espagueti, por último se cubre el molde muy bien con queso Chihuahua rallado y se hornea por 20 minutos.

ESPAGUETI A LA ITALIANA

INGREDIENTES:

1 paquete de espagueti.
1 hoja de laurel.
200 g. de carne molida de res.
75 g. de queso seco.
1 lata chica de puré de tomate.
1 cebolla chica.
75 g. de aceite o manteca.

Se pone al fuego la manteca y ahí se acitrona la cebolla, se le agrega la carne y se deja cocer, se le agrega el puré, los ajos, las hojas de laurel, sal, la necesaria. Se le agrega una taza de agua y se deja hasta que se reseque, el espagueti se cuece y se lava como de costumbre, y se agrega la salsa que se hizo de carne y se le ralla el queso seco.

LASAGNE HORNEADA

INGREDIENTES DE LA SALSA PARA LASAGNE:

1 ½ libras de carne molida.
½ cucharadita de sal.
¼ taza cebolla picada.
2 tazas de tomates enlatados picados (o 1 lata de 8 onzas de salsa de
　　tomate, más 1 lata de agua).
⅛ cucharadita de polvo de ajo (o 1 diente de ajo, machacado).
1 cucharadita de perejil seco.
Pisca de pimienta.
Hoja de laurel (si desea).

En una sartén pesada, dore la carne a fuego mediano; agregue la sal. Con un tenedor, desmenuce la carne en pedacitos chicos. Agregue las cebollas y dore de 2 a 3 minutos más, meneando constantemente. Añada el resto de los ingredientes y cocine a fuego lento por 20 minutos.

INGREDIENTES PARA LA PASTA:

2 cuartos de agua.
1 cucharada de mantequilla.
1 cucharadita de sal.
1 caja de 8 onzas de tallarines para lasagne.

En una cacerola grande y honda, hierva el agua. Agregue la sal y la mantequilla.

Ponga los tallarines en el agua hirviendo y hierva de 15 a 20 minutos. Enjuague los tallarines en agua fría.

INGREDIENTES PARA EL PASO FINAL:

1 libra de requesón.
½ libra de queso americano.
1 huevo procesado y rallado (2 tazas de queso rallado).

Bata ligeramente el huevo. Revuelva el huevo con el requesón. Engrase un molde de hornear de 9 x 13 pulgadas. Acomode una capa de tallarines en el fondo del molde. Por cucharadas, ponga una tercera parte de la salsa encima de los tallarines. Salpique encima una tercera parte de la mezcla de requezón y huevo. Espolvoree ⅔ taza de queso rallado encima de todo.

Repita las capas dos veces más, comenzando con los tallarines y terminando con el queso rallado.

Hornee a 375 °F de 20 a 30 minutos, hasta que esté bien caliente.

PIZZA DE JAMÓN

INGREDIENTES:

½ kg. de harina.
½ cucharada de sal.
2 cucharadas de mantequilla.
20 g. de levadura.
1 cucharada de azúcar.
2 huevos enteros.
Leche, la necesaria.

RELLENO:

1 kg. de jitomate.
1 cebolla.
1 pimiento (morrón verde).
Orégano, sal, pimienta al gusto.
¼ de queso.

Se prepara la levadura y se deja levitar, harina, sal, azúcar se ciernan juntas se forma un hueco, se le agregan la mantequilla, los huevos y la levadura levitada y se amasa con los demás agregándole la leche que sea necesaria de preferencia tibia hasta conseguir una masa elástica y se deja reposar en un lugar tibio 20 minutos aproximadamente, consiguiendo que doble su volumen, se vuelve a amasar muy suavemente y se extiende con el rodillo, se cubre con ella una charola redonda de horno engrasada enharinada se vuelve a dejar un poco en reposo. Seguidamente, se le pone la salsa de tomate, el jamón cortado en cuadritos y el queso rallado o rebanado delgadas capas, se hornea hasta que esté cocido.

Se fríe le cebolla cortada en rodajas y el pimiento en un poco de aceite se añade el jitomate pelado, cortado sin semillas, se condimenta y se deja en el fuego durante unos minutos hasta adquirir la consistencia adecuada.

ENSALADAS

Las verduras son más sabrosas cuando están frescas. Si se guardan deben mantenerse en lugar fresco y ventilado. Ciertas verduras no deben guardarse junto de otras, por ejemplo; las zanahorias no deben guardarse junto de las manzanas ya que adquieren un sabor amargo, las papas se echan a perder rápidamente si se guardan juntos a las cebollas, las verduras que poseen hojas antes de guardarlos (para evitar pudrición). Las verduras y las hortalizas deben escogerse firmes, pero no duras. Su tamaño revela, en ocasiones, el grado de radiación y la calidad. Por ejemplo, las muy pequeñas pueden resultar insípidas por falta de maduración, y las muy grandes tal vez estén pasadas correosas.

ENSALADA DE MANZANA

INGREDIENTES:

1 kilo de manzana.
250 g. de mayonesa.
100 g. de nuez.

Se pela la manzana y se pica, y se pone a remojar en agua de sal, se pica la nuez no muy fina y se revuelve con la manzana escurrida, la mayonesa, sal y pimienta y se mete al refrigerador.

ENSALADA DE VERDURAS

INGREDIENTES:

1 lechuga.
2 zanahorias grandes.
1 cebolla chica.
1 pimiento morrón verde.
Ajo, sal y pimienta al gusto.

Se rebana y se revuelve todo. Aparte se muele el ajo en el molcajete junto con la sal y la pimienta, con esta mezcla se sazona ensalada.

ENSALADA DE PAPA

INGREDIENTES:

500 g. de papa cocida en cuadritos.
11 hojas de lechuga desinfectadas, finamente picadas.
1 pomo de mayonesa.
150 g. de crema.
Sal y pimienta.

Se revuelven todos los ingredientes en una ensalada y se sazonan.

ENSALADA PARA CARNES

INGREDIENTES:

500 g. de manzana.
1 lata de piña.
500 g. de zanahoria.
500 g. de chicharos.
500 g. de papas.
500 g. de crema.
100 g. de nuez.
1 lata de pimientos morrones.
250 g. de mayonesa.
1 tronco de apio.

La papa y la zanahoria se cocinan por separado en cuadritos con sal y poquita agua hasta que queden blanditos, ya escurridos se incorporan con todos los demás ingredientes picados y se sazonan con sal y pimienta blanca. Para que agarre consistencia se le agregan 300 g. de col picado remojado en el jugo de la piña.

ENSALADA VERDE

INGREDIENTES:

1 lechuga chica.
1 aguacate grande.
2 pepinos.
2 ramas de apio.
1 chile morrón verde grande.
1 lata chica de chicharos.
Acelgas y perejil al gusto.

Todo picadito, se le agrega aderezo italiano al servirse, se puede utilizar cualquier aderezo que se elija.

ENSALADA DE EJOTE

INGREDIENTES:

1 lata de ejotes.
Cebolla picada.
Jitomate picado.
Sal y limón.

Los ejotes se lavan y se revuelven con el jitomate, la cebolla, sal y el limón, se sirve en un platón, si se quiere se le puede poner rodajas de jitomate y cebolla encima.

ENCURTIDOS O VERDURA EN VINAGRE

Se pelan unas zanahorias en ruedas o gajos, calabacitas, betabel partido en cuadritos y además cebollitas de cambray, bien limpias, a todo se le da una pasada en aceite, de preferencia de olivo, muy caliente para que queden cristalinas las verduras, se les agrega una hoja de laurel, orégano, ajos, pimientas enteras, 2 clavos de olor, sal y 1 taza de buen vinagre, al hervir, se le pone una lata mediana de chiles jalapeños en rajas, se envasa bien caliente y se tapan los pomos.

ENSALADA FRESCURA

INGREDIENTES:

1 cebolla picada en ruedas finas.
1 lechuga.
4 pepinos cortados a lo largo.
4 tallos de apio.
2 huevos cocidos rebanados.
Salsa italiana Kraft para ensaladas.
Jugo de limón.
Vinagre.
Sal y pimienta al gusto.

En un bonito platón se coloca primero la lechuga rebanada, enseguida los pepinos, luego el apio, la cebolla, y a lo último las rebanadas de huevo cocido. Se agrega la salsa italiana Kraft y se sazona con vinagre, sal y pimienta al gusto.

ADEREZO PARA ENSALADAS

INGREDIENTES:

1 taza de mayonesa.
½ taza de salsa Catsup.
1 huevo cocido picado.
½ frasco de aceitunas rellenas picadas.
1 cucharada de perejil picadito.
1 cebolla chica picada.
Pimienta y sal al gusto.

Se mezclan muy bien todos los ingredientes y se sazonan al gusto. Este aderezo sirve para acompañar carnes o pollos, o se puede dejar una magnifica ensalada.

ENSALADA MANZANILLO

INGREDIENTES:

1 lata grande de camarones o ½ kilo de camarones frescos bien
    cocidos.
Col o lechuga.
1 o 3 limones.
1 cebolla blanca en gajitos.
1 taza de mayonesa de muy buena calidad, de preferencia hecha en
    casa con 3 o más yemas de huevo.
Pimienta, sal y salsa inglesa.

A los camarones se les pone el jugo de los limones, pimienta,
sal y la cebolla bien desflemada. Después de un rato se les agrega la
mayonesa. En un platón grande, se le pone la lechuga, y col finamente
picados, encima se colocan los camarones y se adornan encima con
aceitunas y rajas de chile morrón o jalapeño.

ENSALADA EXQUISITA

INGREDIENTES (cantidad para 30 personas):

¾ de kilo de manzana.
1 pomo grande de mayonesa.
¾ de kilo de crema.
375 g. de nuez picada.
3 latas grandes de piña.

Las manzanas se pelan y se parten en cuadritos, lo mismo que la piña, agregándole la mayonesa, la crema y ¾ partes de nuez picada, sazonándose con sal pimienta al gusto. Encima se adorna con el resto de la nuez.

ENSALADA DE PAPA

INGREDIENTES:

4 tazas de papa cocida y rebanada.
½ taza de pepino picado.
1 cebolla.
½ taza de mayonesa.
¼ taza de vinagre.
Pimiento al gusto.
3 huevos cocidos.
1 ½ tazas de crema.
1 cucharadita de mostaza.
Sal al gusto.

Se mezclan las papas, pepinos, cebolla, sal y pimienta, cuidadosamente. Se pican las claras de huevo y se añaden a las papas. Las yemas se desbaratan, se mezclan con la crema, mayonesa, vinagre y mostaza, y con esta mezcla se bañan las papas.

ENSALADA RÁPIDA

INGREDIENTES PARA 6 PERSONAS:

1 lechuga romanita lavada, desinfectada y cortada en trozos.
2 jitomates grandes lavados y partidos en cuartos.
1 aguacate grande pelado y cortado en rodajas.

INGREDIENTES PARA LA VINAGRETA:

3 cucharadas de aceite.
2 cucharada de vinagre.
3 cucharadas de jugo Maggi.
2 cucharadas de salsa inglesa Maggi.
Sal al gusto.

En una ensaladera incorpore la lechuga y el jitomate. Decore con el aguacate. Bañe la ensalada con la vinagreta y sirva inmediatamente. Para la vinagreta incorpore los ingredientes perfectamente y sirva.

Nota: El aguacate debe pelarse para servir la ensalada, así no se oscurecerá.

ENSALADA DE AGUACATE

INGREDIENTES:

8 aguacates.
100 g. de nuez picada.
1 piña regular.
Jugo de limón.
1 cucharada de azúcar.
Sal al gusto.

Se pican los aguacates finitos, la piña y la nuez, estas tres cosas se mezclan sazonándose con el azúcar, el jugo de limón y la sal, se mete al refrigerador.

ENSALADA DE VERDURAS

INGREDIENTES:

500 g. de zanahorias cocidas picadas.
500 g. de papas cocidas y picadas.
1 lata de chicharos.
1 lata de duraznos picados.
1 lata de piña picada.
Mayonesa.
Crema fresca.
Sal y pimienta.

Todo bien picadito se revuelve y con cuidado se sazona.

ENSALADA

INGREDIENTES:

1 zanahoria.
2 betabeles.
1 col chica.
2 pepinos.

El betabel se pone al cocer en agua, que lo cubra, dejándole un pedazo de tallo, ya cocido se pela y se ralla, aparte se ralla la zanahoria en crudo, lo mismo que la col. El pepino se ralla con un tenedor hasta mandarle las rallas profundas a lo largo sin pelarlo, todo por separado se sazona con poco aceite, vinagre, sal y pimienta.

En un platón ovalado se pone una hilera de betabel, otra de col y otra de zanahoria, y al rededor se le pone el pepino rebanado.

ENSALADA DE COL

INGREDIENTES:

1 col chico.
2 zanahorias.
2 jitomates.
1 cebolla chica.
5 cucharadas soperas de jugo de chiles jalapeños.
Sal al gusto.

Se rallan el col y las zanahorias finamente, se pican finamente los jitomates y las cebollas, todo se vacía a un recipiente agregando el jugo de los chiles y la sal. Se sirve fría.

ENSALADA DE MANZANA

INGREDIENTES:

250 g. de papa.
200 g. de manzana.
1 lata de piña en rebanadas.
150 g. de nuez picada.
1 lata de leche Nestlé, agregar lo que sea necesario.
2 ramitas de apio.
Sal y azúcar para sazonar.

Se cuecen las papas y se cortan en cuadritos, se agregan las manzanas también en cuadritos, la piña cortada en pedacitos, la nuez picada, el apio picado en pedacitos pequeños, se mezclan todos los demás ingredientes, se sazonan con poca sal y azúcar.

ENSALADA DE VERDURA A LA ORDEN

INGREDIENTES:

4 pepinos.
1 coliflor dulce.
400 g. de ejotes tiernos.
10 zanahorias.
6 betabeles.
200 g. de chicharos verdes.
100 g. de queso rallado.

En un plato redondo se colocan los pepinos cortados en cuadritos y desflemados con agua de sal, colocándolos alrededor del platón, en el centro se colocan ramitas de coliflor cosido, rodándola con porciones de zanahoria cortadas a lo largo, ejotes, betabeles y chicharos.

ADEREZO:

½ taza de vinagre suave.

ENSALADA DE VERDURAS MIXTAS

INGREDIENTES:

100 g. de garbanzas.
100 g. de uvas frescas.
100 g. de chicharos pelados.
4 zanahorias.
4 papas medianas.
2 chayotes tiernos.
1 lechuga romanita.
100 g. de ajonjolí tostado.
Aderezo a la francesa para ensaladas.
Sal al gusto.

Las garbanzas, ejotes, uvas y chicharos se cuecen por separado, las zanahorias, papas, chayotes, se cortan en cuadritos y se ponen a cocer con sal y una pizca de carbonato para que no pierdan su color, se mezclan todas las verduras y la lechuga cortada en cuadritos en una hoja de romanita, se le agrega encima el aderezo y el ajonjolí tostado.

POSTRES

Los hay de diferentes formas, desde una simple fruta hasta un elaborado pastel o pie.

—Frutas: Debe lavarse bajo el chorro de agua fría antes de comerla. La mayoría puede conservarse en buenas condiciones hasta una semana en un lugar fresco y ventilado. La fruta se puede preparar en almíbar, mermeladas y jaleas.

—Helados y gelatinas: Los helados caseros difieren en textura y sabor, y resultan fáciles de preparar, son económicos y nutritivos. Se hacen básicamente de agua, azúcar y fruta o azúcar, fruta, leche con o sin huevos.

Las gelatinas se obtienen de huesos y cartílagos de animales. Se vende en polvo, sin sabor o con diferentes sabores de fruta Se puede hacer gelatina con cualquier fruta fresca, excepto la piña que habrá que darle un hervor antes de añadirle alguna gelatina ya que de otra manera esta no cuaja.

—Pies o tartaletas: Algunos consejos elementales para el éxito de estas son la cocina, la superficie de trabajo y los utensilios deben estar fríos. La receta tiene que respetarse siempre, sobre todo en lo relativo a las cantidades. Las pastas se deben realizar con la mayor rapidez y tocarse lo menos posible Muchas pastas necesitan reposar en lugar frío antes de hornearse.

—Galletas y pastitas: Para estas se necesita un horno caliente y si se utilizan dos laminas para hornear galletas, se coloca una en la parte central y la otra en la parte superior cambiándoles de lugar a medio horneo pare que doren igual. Resultan más sabrosas recién hechas, pero se pueden guardar en una caja o bote metálico herméticamente cerrado.

—Pasteles: Los ingredientes básicos son mantequilla, harina, polvos de hornear, huevos, azúcar y en ocasiones frutas. Existen dos tipos de pasteles básicos. Los que se preparan con mantequilla y los que carecen de ella.

TAMALES

INGREDIENTES:

1 kg. de masa.
100 g. de harina de arroz.
375 g. de manteca.
1 cucharada de royal.
2 ½ tazas de caldo de puerco.

Se bate la manteca hasta que esponje, se le agrega la harina de arroz cernida con el royal, enseguida la masa que se habrá deshebrado bien con un poco del caldo, se bate y se prueba, se conoce que ya está de punto, cuando poniendo una bolita de masa en una taza de agua, flota. En hojas para tamales, que se habrán lavado, despojado y escurrido, se va poniendo con una cucharada de chile y un trozo de carne de puerco, se envuelven y se cuecen a vapor.

Si se quieren hacer dulces, se bate la masa igual, pero en lugar de ponerle sal, se agregan 20 cucharadas de azúcar, batiendo un poco. Se le pone en medio cuadritos de viznaga y pasas. Se pueden teñir color vegetal ya que se ven más vistosos.

RELLENO:

Carne de puerco con chile rojo.
½ kg. de carne de puerco.
Chile ancho (guajillo).
25 g. chile pasilla.
1 diente de ajo.
8 cominos.

Los chiles se desvenan, se tuestan, se remojan en agua caliente y se muelen con el ajo y los cominos, se fríe en una cucharada de manteca, se le pone la carne cocida y partida en trocitos. Se sazona con sal al gusto.

RELLENO:

Carne de puerco con chile verde.
La misma cantidad de carne (la mitad se hace con chile rojo, y la otra mitad con chile verde).
300 g. de tomates verdes.
Chiles verdes serranos al gusto.
1 cebolla chica.
1 diente de ajo.
1 ramita de cilantro.

Se les da unos hervores a los tomates con los chiles verdes, se muelen con ajo, cebolla y cilantro, se fríen en una cucharada de manteca, se le pone la carne partida en trocitos y se sazona con sal al gusto.

ENCHILADAS DE CHILE DULCE

INGREDIENTES:

100 g. de chile mulato.
100 g. de manteca.
100 g. de queso seco.
¼ de litro de crema.
2 dientes de ajo.
2 cucharadas de cebolla picada.
1 tablilla de chocolate.
1 pechuga grande de pollo cocido.

Los chiles se desvenan, se tuestan ligeramente, se ponen a remojar en agua tibia, enseguida se muelen en la licuadora con un poco de caldo en que se coció la pechuga, el chocolate y los dientes de ajo, se fríen en 2 cucharadas de manteca, sazonándose con sal y una poquita de azúcar, si es necesario se le pone un poco de caldo.

Las tortillas se fríen ligeramente, se van mojando en el chile bien caliente, se les pone un poco de pechuga deshebrada y crema, se enrollan, poniéndoles encima el queso desmoronado y la cebolla picada.

ENCHILADAS VERDES

INGREDIENTES:

20 tortillas chicas y delgadas.
½ kg. de tomates verdes.
3 chiles verdes serranos.
1 ramita de cilantro.
1 cebolla chica.
1 diente de ajo.
1 pechuga de pollo cocida.
⅛ de litro de crema de leche.
75 g. de queso seco.
1 cucharada de cebolla picada.
100 g. de manteca o aceite.

Se pelan los tomates, se lavan y se ponen a cocer en poca agua con los chiles verdes, enseguida se muelen con el cilantro, ajo, cebolla y chiles, se fríen en dos cucharadas de manteca hasta que se reduzca a la mitad, se agrega un poco de caldo en que se coció la pechuga y se sazona dejándolo hervir hasta que esté bien espeso. Las tortillas se fríen en la manteca, se van mojando en la salsa bien caliente, se rellenan de pechuga deshebrada y la crema con un poco de sal, se enrollan, se van acomodando en un platón, se cubren con el queso rallado y la cebolla picada.

ENCHILADAS COLIMENSES

INGREDIENTES:

15 tortillas chicas y delgadas.
400 g. de carne molida (mitad de puerco y mitad de res).
4 chiles guajillos (chiles anchos) grandes.
Ajo.
Orégano.
Clavos.
Pimienta.
Una poquita de azúcar y sal al gusto.

A las tortillas se les quita la cara y se les da una pasada por aceite o manteca bien calientes. Enseguida se untan muy bien del molde, se rellenan con el picadillo de las carnes, se doblan en forma de taquitos y se acomodan en un platón refractario, se les pone un poco de más mole encima y se espolvorean de queso seco rallado y cebolla finamente picada. Se pueden meter unos minutos al horno antes de servirse para que estén calientes. Se adornan con hojas de lechuga y rebanaditas de rábano.

Manera de hacer el picadillo: En aceite o manteca se fríen 2 jitomates grandes, un pedazo de cebolla y 1 ajo grande, todo picado finamente, ya que se cocinen un poco, se le agregan las carnes molidas en crudo, se le pone sal al gusto.

FRIJOLES FRITOS

INGREDIENTES:

1 libra de frijoles cocidos y machacados.
100 gramos de manteca o aceite.
4 chiles serranos.
1 tortilla partida en cuatro partes.

En manteca o aceite, se fríen unos chiles verdes, a los que se les quita un pedacito, y unos pedacitos de tortillas, ya que están doraditos, se sacan y se les ponen los frijoles cocidos, con un poco de caldo de los mismos, se deja hervir un poco, después se machacan muy bien y se les pone sal al gusto. Se sirven en un platón con las tortillas, los chiles y queso seco rallado encima.

FRIJOLES PUERCOS

INGREDIENTES:

¼ de kilo de frijoles cocidos.
2 chiles guajillos.
3 bolas de chorizo.
2 jitomates.
Un pedazo de cebolla.
Fruta en vinagre.
2 chiles jalapeños.
Queso seco rallado.

En bastante aceite o manteca, se fríen unos pedacitos de tortilla hasta que queden dorados, los chiles guajillo, limpios y desvenados, y los chorizos. Se sacan los guajillos y las tortillas, enseguida se fríe el jitomate, cebolla, fruta en vinagre y el chile jalapeño todo partido en pedacitos, luego se le agrega el queso rallado.

CHILES RELLENOS DE PICADILLO

INGREDIENTES:

10 chiles poblanos.
3 huevos.
1 cucharada de harina.
200 g. de manteca para freír.

RELLENO:

200 g. de pierna de puerco.
200 g. de carne de res molida.
¼ de kilo de jitomate.
1 cucharada de cebolla picada.
2 dientes de ajo picado.
25 g. de pasas sin semilla.
25 g. de almendras.

CALDILLO:

½ kg. de jitomate.
1 clavo.
4 pimientas.
Canela.
1 cebolla chica.

Los chiles se preparan asándolos, después se les quita el pellejito y se quitan las semillas, se rellenan con el picadillo y no llevan crema.

Picadillo: En dos cucharadas de manteca o aceite, se acitrona la cebolla y el ajo finamente picados, se agregan las carnes molidas, se dejan freír, se añaden todos los ingredientes finamente picados y molidos, el jitomate asado, con las especies, se sazona con sal y pimienta, una poquita de azúcar y se deja secar.

PERAS EN CREMA DE FRESA

INGREDIENTES PARA 24 PERSONAS:

24 Peras.
1 kg. de limón (jugo).
3 kg. de fresa.
¾ de azúcar.
1 litro de leche.

Pele las peras ayudándose con un pelapapas, no corte el rabito. rocíelas con el jugo de limón. Póngalas a cocer en un recipiente. Licúe las fresas con el azúcar y leche, debe quedar una mezcla espesa. Coloque cada pera en un recipiente individual y báñelas con la crema de fresa.

TEJOCOTES EN ALMÍBAR

INGREDIENTES PARA 24 PERSONAS:

4 kg. de tejocotes.
1 kg. de piloncillo.
6 clavos.
Rajas de canela.

Lave muy bien los tejocotes, si desea puede quitarles la piel, se pican con un tenedor y se ponen a cocer cubriéndolos con agua, añadiendo el piloncillo, canela y los clavos de olor, deje que hierva y procure mover con frecuencia, hasta que el piloncillo haya quedado en miel, y los tejocotes estén cocidos.

QUESO NAPOLITANO

INGREDIENTES:

1 lata de leche clavel.
1 lata de leche Nestlé.
4 huevos.
1 cucharada de royal.
1 cucharada de maizena.
1 cucharadita de vainilla.
1 taza de azúcar.

Se pone al fuego el azúcar hasta que se haga caramelo. En la licuadora se ponen todos los ingredientes unos 10 minutos, enseguida se agrega esto al caramelo en un molde refractario, se pone a baño María en el horno, se saca cuando dore encima. Al salir se refrigera.

JERICALLAS

INGREDIENTES:

½ litro de leche.
200 g. de azúcar.
6 yemas.
1 raja de canela.

Se hierve la leche con el azúcar y la canela; cuando esté bien hervida se cuela y se deja enfriar, se agregan las yemas batidas y se vuelven a colar, se vacía en moldecitos engrasados con mantequilla, se acomodan en una hoja de lata y a estas se les pone agua casi hasta el borde, se meten al horno por espacio de media hora o hasta que se doren.

DULCE DE COCO

INGREDIENTES:

1 coco fresco rallado o una taza de coco rallado seco.
1 taza de agua.
1 lata de leche Nestlé o ½ taza de azúcar y 1 taza de leche.
½ taza de piñones, almendras o nueces.

Ponga al fuego el coco rallado con el agua hasta que el coco se suavice. Agregue la leche condensada, o azúcar y leche con una pizca de carbonato, deje espesar un poco, revolviendo frecuentemente. Vacíe a una dulcera o individuales y adorne con los piñones, nueces o almendras.

Puede dar a este postre un sabor especial agregando tres yemas diluidas en la leche y una capita de jerez dulce al retirar del fuego, o se le pone canela al agua cuando se le pone el coco.

SOUFFLE DE FRESA

INGREDIENTES:

1 lata de leche clavel grande.
1 cajita de gelatina de fresa.
½ taza de azúcar.
50 g. de mantequilla.
250 g. de fresas.
10 galletas Marías.
2 sobrecitos de grenetina sin sabor.

La leche clavel se pone a helar un día antes de hacer el postre, luego se coloca en la licuadora a que espume mucho, se le agrega el azúcar, la mantequilla derretida y fría, la gelatina de fresa preparada según las instrucciones del paquete, junto con la grenetina remojada en media taza de agua fría y a lo último las fresas. Se unta de mantequilla un molde refractario, se espolvorea con las galletas molidas, enseguida se vacía lo batido que tenemos preparado y encima se le pone más polvo de las galletas y se mete al refrigerador a que cuaje.

CHONGOS ZAMORANOS

Se ponen a tibiar 2 litros de leche endulzados con ¾ de kilo de azúcar granulada, se disuelve en 2 cucharadas de agua hirviendo una pastilla de cuajar y se agrega a la leche, que quede bien mezclado. Se deja reposar en un lugar tibio, sin moverlo, hasta que la leche esté bien cuajada. Se corta la cuajada en cuadros, dentro del mismo trasto, se le agrega el jugo de dos limones y canela clavada en los cuadros. Se pone a hervir a fuego lento, hasta que los cuadros estén cocidos y duros.

DULCE DE CAMOTE Y PIÑA

INGREDIENTES:

1 piña mediana.
1 kilo de camote.
18 soletas.
½ de taza de vino jerez.
2 tazas de azúcar.
1 limón.
½ taza de agua bien endulzada y hervida.

Se ponen a cocer los camotes con todo y cascara, que no se pongan negros, y se muelen. Se pone al fuego el azúcar con la piña también molida. Se añaden los camotes molidos y se dejan hervir hasta que se empiece a ver el fondo al cazo. Se revuelve el vino con el agua endulzada y con esta mezcla se mojan las soletas ligeramente, luego se acomodan en un platón. Se vierte sobre ella el dulce y se pone a enfriar sobre hielo o en el refrigerador.

CHONGOS ZAMORANOS

INGREDIENTES:

2 litros de leche cruda.
½ kilos de azúcar.
1 pastilla para cuajar.
4 yemas.
Canela, unas rajitas.

En ½ taza de leche se deshacen muy bien la pastilla, se cuelan y se mezclan con el resto de la leche que estará en una budinera ancha, se le añaden las yemas y se deja cerca de una parrilla encendida, se va volteando la budinera para que cuaje parejo, cuando ya cuajó se parte con un cuchillo, en cuadros grandes, se le pone el azúcar, la canela y se deja a fuego lento hasta que el almíbar esté espeso, pero no macho. Se le pueden suprimir las yemas.

PONCHE DE NAVIDAD

INGREDIENTES:

5 cañitos (caña).
500 g. de guayaba.
500 g. de tejocotes.
150 g. de pasas.
600 g. de azúcar quemada como para flan.
Ron Bacardi al gusto.
Ciruelas pasas al gusto.

Las frutas lavadas se limpian, las guayabas se parten, lo mismo que el tejocote, la caña en trozos pequeños, todo esto se pone al fuego en tres litros de agua. Cuando hierven un rato se le ponen las pasas y las ciruelas dejando siempre hervir a fuego suave durante dos horas, bien tapada la olla.

El azúcar ya estará hecha caramelo y estando frío se le agrega medio litro de agua y se pone a hervir hasta que se desbarate el azúcar. Este ponche se puede servir filtrado muy caliente o dejarle las frutas. El ron se le pone al gusto ya para servirlo.

DULCE DE MANGO

Los mangos se pelan y se parten en tiritas. Se ponen a la lumbre con poca agua y azúcar al gusto, hasta que el mango esté cocido y le quede una miel no muy espesa.

ARROZ DE LECHE

INGREDIENTES:

150 g. de arroz entero.
250 g. de azúcar.
1 ¼ litros de leche.
5 yemas.
1 raja de canela.
30 g. de mantequilla.
50 g. de pasitas.

Se pone a remojar el arroz 15 minutos en agua caliente y se lava, enseguida se pone a cocer en ½ litro de agua a fuego manso para que no se deshaga, cuando está cocido, se le agrega la leche, el azúcar y la canela, se deja hervir lentamente hasta que se espese, moviéndolo con cuidado para no desbaratarlo, cuando se le empieza a ver el fondo al cazo se aparta, se le agregan las yemas desleídas y coladas y se vuelve unos minutos al fuego. Se vacía en un molde de loza refractaria con la mitad de las pasas, por encima se le pone la mantequilla en trocitos y se mete al horno a que dore ligeramente, se adorna con la otra mitad de las pasitas.

CAJETA DE ELOTE

INGREDIENTES:

1 litro de leche.
2 elotes.
Azúcar al gusto.

Se licúa el elote en la leche y se cuela, se endulza al gusto, se pone en la lumbre y se menea hasta que se haga cajeta, se adorna con pedacitos de nuez.

PANADERÍA

PAN MEXICANO

INGREDIENTES (18 a 24 panecillos):

2 paquetes de levadura en polvo o fresca.
1 cucharadita de sal.
½ taza de azúcar.
⅔ de taza de margarina derretida fría.
1 ¼ tazas de agua tibia.
5 ¼ tazas de harina enriquecida cernida.
¼ taza de leche descremada en polvo.
3 huevos batidos.

1. Disuelva la levadura en el agua tibia en un tazón pequeño.
2. Cierna la harina, la sal, el azúcar y la leche en polvo en un tazón grande.
3. Mezcle la margarina y los huevos batidos con la levadura.
4. Agregue esta mezcla líquida a los ingredientes secos y mezcle bien hasta formar una masa suave.
5. Coloque la masa sobre una tabla enharinada y amase hasta que se ponga suave y satinada (de 7 a 10 minutos). Agregue más harina si es necesario.
6. Forme bolas del tamaño deseado y aplaste la masa hasta dejarla de ¾ a 1 pulgada de grueso. Coloque en una placa para horno sin enmantecar.
7. Coloque la placa en un lugar tibio y deje que la masa se levante al doble de su tamaño (aproximadamente una hora o más).
8. Hornee a 400 °F durante 15 a 20 minutos según el tamaño.

Nota: Si se preparan 24 panecillos, cada uno contiene 166–8% de calorías; 9 mg.–1% de hierro; 18 mg.–2% de calcio.

KIZZ

INGREDIENTES:

½ kilo de harina.
250 g. de manteca vegetal.
2 yemas.
250 g. de azúcar.
1 ½ cucharadita de royal.

Se cierne harina y royal, aparte se acrema la manteca y el azúcar, y luego las yemas, por último la harina, se incorpora todo bien, se agarran porciones con tres dedos y se acomodan en charolas engrasadas.

PASTITAS

INGREDIENTES:

¼ de mantequilla.
200 g. de manteca vegetal.
300 g. de azúcar.
4 huevos.
20 g. de royal.
750 g. de harina.

Se acrema la manteca, mantequilla y azúcar, se le ponen las yemas de uno en uno y por último la harina cernida con el royal, se extiende, se cortan y se hornean.

GALLETAS DE NUEZ

Se toma una de las 4 partes de la pasta y se divide en fracciones iguales de tamaño proporcionado para obtener aproximadamente 24 bolitas, se oprimen con la mitad de una nuez, se barnizan con agua fría y se cubren con un poco de azúcar y se meten al horno.

GALLETAS OSCURAS DE NAVIDAD

INGREDIENTES:

⅓ de taza de manteca vegetal.
⅓ de taza de azúcar morena (moscabado).
1 huevo.
⅔ de taza de miel de piloncillo especita.
Carbonato.
Sal.
Canela.
Al final, las pasitas y la avena.

Se ponen cucharaditas de esta masa en la charola de hornear engrasada y enharinada a horno regular.

TORTA DE ELOTE

INGREDIENTES:

8 elotes tiernos y grandes.
5 huevos.
200 g. de azúcar.
150 g. de mantequilla.
¼ de litro de crema de leche 1.
½ cucharadita de sal.
1 cucharadita de royal.
50 g. de pasas sin semilla.
1 bolillo de pan molido.
½ cucharadita de canela.

Los elotes se desgranan, se muelen, se mezclan con la mantequilla fundida, crema, azúcar, sal, royal y canela, a lo último se ponen los huevos batidos como para torta y las pasillas enharinadas, se vacía en una budinera engrasada con mantequilla y empanizada, se pone a horno regular.

Quitándole las pasas, la canela y 150 g. de azúcar se puede servir con salsa de jitomate con rajas de chile poblano y crema.

PANQUE DE ELOTE

INGREDIENTES:

4 huevos.
4 elotes.
1 lata de leche Nestlé.
1 cucharada de royal.
1 barrita de mantequilla.

Se licúan todos los ingredientes y se ponen en un molde engrasado. Se hornea a 200 grados por 40 minutos.

PIE DE DÁTIL Y NUEZ

INGREDIENTES:

250 g. de nuez.
125 g. de ciruela pasa.
125 g. de dátil.
4 huevos.
125 g. de mantequilla.
1 lata de leche Nestlé.
1 lata de leche de vaca.
1 ½ paquetes de galletas Marías.

Se pica todo de regular tamaño, se baten los huevos enteros, se agregan las leches y las frutas picadas, se revuelve todo muy bien. Se engrasa un molde con mantequilla y se forra con una pasta que se hará con la galleta molida mezclada con la mantequilla y una poca de leche, se mete al horno de 30 a 40 minutos a 300 grados.

CHOUX A LA CREMA

INGREDIENTES:

150 g. de harina.
¼ de litro de agua.
60 g. de mantequilla.
¼ de cucharadita sal.
2 cucharaditas de azúcar.
4 huevos enteros.
50 g. de azúcar glass para bañar.

CREMA PASTELERA:

100 g. de azúcar.
15 g. de harina.
¼ de litro de leche cocida.
1 huevo entero.
1 yema.
Cascara de un limón.

En una cacerola se pone el agua, mantequilla, azúcar y sal al fuego, cuando suelta el hervor se le pone de golpe la harina cernida, batiendo con fuerza unos 3 minutos en el fuego, se aparta, se deja enfriar sobre una tabla, enseguida se vacía a una cacerola, se le ponen los huevos batiendo en cada uno. Con duya rizada se ponen en charolas engrasadas y enharinadas en forma larguita, o con una cuchara para que queden en forma redonda, se meten a horno caliente 25 minutos a que doren y se sacan. Ya fríos se abren por un lado con unas tijeras, se rellenan con la crema y se bañan con el azúcar glass.

Crema pastelera: En una cacerola se mezclan la harina y el azúcar, se le agrega el huevo y la yema, enseguida la leche poco a poco hasta que quede todo bien disuelto y se le agrega la cascara de limón, se pone al fuego moviéndola constantemente hasta que se le vea el fondo al cazo.

EMPANADITAS DE MASA

Se amasa la masa con sal, un poco de royal, chilacate y natas, después se hacen tortillitas muy delgadas y se les pone en medio frijoles fritos molidos o picaditos, papas o atún. Se doblan para formar una empanada, repulgando las orillas con un tenedor, enseguida se fríen en aceite o manteca y se sirven con crema, lechuga y rábano.

GALLETAS DE ESPECIES

Se toma otra de las cuatro partes de las pasta y se mezcla con ½ cucharadita de canela en polvo, unas cuantas pasitas, se revuelve todo muy bien, se cortan las galletas en cuadritos y estos se barnizan con agua y azúcar, y se meten al horno.

GALLETAS ECONÓMICAS

INGREDIENTES:

1 kg. de harina.
¼ de kilo de azúcar granulada.
100 g. de manteca.
10 g. de canela molida.
5 g. de sal.
5 g. de bicarbonato de sodio.

Se mezcla todo y se agrega agua suficiente para hacer una masa de consistencia más bien dura, se extiende con el rodillo en una capa de poco más de medio centímetro, se cortan las figuras con moldecitos especiales y se cuecen a horno caliente.

GALLETAS DE MAICENA

INGREDIENTES:

¼ de kilo de maicena.
¼ de kilo de harina.
150 g. de azúcar.
65 g. de manteca.
65 g. de mantequilla o natas.
2 cucharaditas copeteadas de royal.
2 huevos enteros.
2 yemas.

Se hace una fuente con la harina y la maicena cernida con el royal, y allí se ponen todos los ingredientes, agregando vainilla o zumo de limón o naranja al gusto. Se mezcla todo muy bien, hasta que quede una pasta que pueda extenderse. Se extiende la pasta, se cortan las galletas de distintas figuras, se les pone una para en medio, se meten a horno caliente.

DONAS

INGREDIENTES:

150 g. de mantequilla.
⅔ de taza de azúcar.
1 huevo.
1 rayita de nuez moscada.
½ cucharadita de sal.
3 tazas de harina.
4 cucharaditas de royal.
Leche, la necesaria.

Se ablanda la mantequilla, se añade el azúcar y el huevo batido ligeramente, luego la leche, y se revuelve bien, después se añaden la nuez moscada, sal, harina y royal, que se habrán cernido juntos hasta que quede una pasta suave y consistente. Se pone sobre una tabla enharinada, se extiende con el rodillo pero que quede gruesecita.

Se cortan en forman de rosquitas y se fríen en bastante aceite caliente. Se sacan, se escurren en un papel y después se espolvorean de azúcar con canela molida.

EMPANOCHADOS

INGREDIENTES:

½ kilo de harina.
¼ de kilo de piloncillo (panocha).
150 g. de manteca.
1 cucharada grande de royal.
Agua helada, la necesaria.
2 huevos enteros.

Se hace una fuente con la harina cernida con el royal, allí se le pone el piloncillo partido en pedacitos muy pequeños. Se hace una fuente con la harina cernida con el royal, allí se le pone el piloncillo partido en pedacitos muy pequeños, la manteca, los huevos enteros y a lo último el agua que sea necesaria para que quede una masa que pueda extenderse. Se extiende la pasta pero que quede gruesecita, se cortan los empanochados en forma redonda, se ponen en latas engrasadas y enharinadas y se meten al horno caliente.

MARQUESOTE DE ROMPOPE

INGREDIENTES:

10 huevos.
¼ de harina.
¼ de azúcar.
½ de rompope.
1 cucharada de royal.
1 cucharada de vainilla.

Se baten las claras a punto de turrón, después se pone el azúcar poco a poco, luego las yemas una en una, al ponerle las yemas se baten fuertemente, después la harina con el royal, enseguida esta nada más a revolver, por último se le pone la vainilla, se pone la pasta en molde engrasado y embarrado, se mete a horno y se pincha con un tenedor, ya que está se la pone en rompope y se mete al horno.

MANZANA DEL PARAÍSO

INGREDIENTES:

12 manzanas.
1 pomo de mermelada.
350 g. de harina.
1 cucharada de sal.
1 lata de leche Nestlé chica.
150 g. de mantequilla.

RELLENO:

150 g. de mantequilla.
Azúcar al gusto.
Canela al gusto.

Se cierne la harina sobre la masa, se hace un círculo y en medio se le pone la sal, mantequilla y leche Nestlé, se va revolviendo y agregando agua poco a poco hasta que quede una pasta suave y tersa, se pone en el refrigerador mientras se van pelando las manzanas, se les hace un hueco al sacarles las semillas sin partirlas y ahí se rellena con la mantequilla, azúcar y canela. De la pasta se hacen 12 bolitas, se extienden con un rodillo y se van forrando las manzanas, barnizándolas con huevo, poniéndole en el centro un clavito de olor, al sacarse del horno se bañan con mermelada, se sirven calientes.

ROSCA DE REYES

INGREDIENTES:

30 g. o 4 sobres de levadura.
5 tazas de harina.
200 g. de mantequilla.
4 huevos.
8 yemas.
1 lata de leche condensada (LA LECHERA).
½ cucharadita de sal.
1 cucharada de agua de azahar.
1 taza de frutas cubiertas, picadas.
2 muñequitos de plástico.
1 huevo batido, para barnizar.

ADORNO:

2 higos cubiertos, cortados en rajitas.
10 cerezas, partidas a la mitad.
2 naranjas cubiertas, cortadas en rajitas.

HORNO PRECALENTADO A 200 °C.

Disuelve la levadura en un poco de agua tibia, agregue 2 cucharadas de harina y deje reposar hasta que esponje y doble su volumen. Aparte, cierna la harina sobre una masa, Forme un loco en el centro y agregue la mitad de la mantequilla, los huevos, las yemas, la leche condensada, la sal, el agua de azúcar y la preparación de levadura. Integre todos los ingredientes con las manos, hasta formar una pasta. Amásela y golpéela contra la mesa, incorporando el resto de la mantequilla, hasta que quede tersa.

Ponga la masa en una cacerola engrasada y deje reposar en un lugar tibio, hasta qua esponje y aumente su volumen.

Extienda la masa con el rodillo formando una tira de unos 75 x 20 cm. Esparza los muñequitos y las frutas, enrolle a lo largo y ponga en una charola engrasada y enharinada, dándole forma de rosca. Deje reposar en un lugar tibio hasta qua vuelva a subir y antes de meter al horno barnice con huevo batido, espolvoree con azúcar y decore con las frutas.

Hornee 30 minutos, o hasta que tome un ligero color decorado.

ROSCAS EXQUISITAS

INGREDIENTES:

600 g. de harina.
5 yemas.
2 huevos.
½ taza de leche.
30 g. de levadura.
150 g. de mantequilla.
½ taza de azúcar.

INGREDIENTES PARA EL RELLENO:

60 g. de mantequilla.
50 g. de coco rallado.
150 g. de azúcar.
1 cucharadita de canela en polvo.
100 g. de nuez finamente picada.
100 g. de pasitas.

Se prepara la siembra y se deja levitar, se incorporan los demás ingredientes hasta formar una pasta muy suave, se le agrega la siembra ya levitada y se le golpea para que formen ampollas, se forma una bola, se engrasa un poco la superficie, se corta en equis (x) con un cuchillo, se coloca en un traste ya engrasado, se tapa con un lienzo y se deja cerca del calor hasta que doble su volumen y luego se amasa muy suave, se extiende en forma rectangular de un centímetro de grueso, se unta de mantequilla, se espolvorea el azúcar con canela, pasas, nuez y coco. Se enrolla, se forma la rosca, se barniza y se espolvorea de azúcar, se acomoda en charola o molde grande, se deja levitar y se hornea 150 °C.

COJINES

INGREDIENTES:

600 g. de harina.
150 g. de mantequilla.
150 g. de azúcar, 50 g. aparte.
50 g. de ajonjolí.
30 g. de levadura.
5 huevos más 1 para barnizar.
Leche, en caso necesario.

1. Preparar la siembra y dejar levitar.
2. Preparar la masa, añadir la siembra, dejar levitar.
3. Fraccionar y bolear.
4. Colocar charola cuadrada alta uno junto a otro y dejar levitar.
5. Barnizar y salpicar con el ajonjolí y (empani), espolvorear con el azúcar.
6. Hornear fuego regular de 200 a 250 °.

CONCHITAS

INGREDIENTES:

1 kg. de harina.
1 taza de aceite.
75 g. de levadura.
5 cucharadas de agua o leche.
4 huevos enteros.
1 taza de azúcar.

En un traste se ponen la cucharadas de leche o agua, se le pone la levaduras con leche o agua, dos cucharadas de harina para formar un atole espeso, se dejará cerca de la lumbre para que doble el volumen, con la harina cernida se hace un fuente y se incorporan los huevos, el aceite, la levadura levitada y el azúcar, se amasa muy bien hasta formar una pasta suave y se golpea muy bien, se acomoda en un traste y se deja levitar un rato cerca de la lumbre hasta que doble su volumen fracción y boleen, se acomoda en charolas engrasadas, se decora y se deja levitar en un lugar tibio ya que doble su volumen y se hornea

PASTA PARA DECORAR

INGREDIENTES:

200 g. de manteca vegetal.
1 ½ taza de azúcar glass.
2 tazas de harina.

La harina se cierne con la azúcar, se le agrega manteca hasta formar una pasta suave, en caso necesario se le pone una poca de agua, se fracciona, se tersa y se decora.

ROSCA DANESA

INGREDIENTES:

1 cant. pasta leonesa.
2 kg. crema chantilly.
1 kg. fresas.
120 g. azúcar glass.

1. Con la manga (con duya rizada), se forjan roscas de 15 centímetros de diámetro aproximadamente, dándoles 2 o 3 vueltas por lo menos.
2. Hornear a 300 °C, los primeros 5 minutos.
3. 3. Bajar la temperatura a 200 °–225 °C.
4. Dejar en el horno hasta que doren y estén firmes; apagar el horno y dejar enfriar ahí mismo.
5. Cortar longitudinalmente, rellenar generosamente con crema chantilly y fresas chicas.
6. Tapar procurando que sobresalga la crema.
7. Espolvorear con azúcar glass.
8. Incrustar algunas fresas grandes en la crema por la unión.

TAQUITOS DE PIÑA

INGREDIENTES:

500 g. de harina.
150 g. de manteca.
5 g. de sal.
125 g. de azúcar.
25 g. de royal.
2 huevos.
40 g. de leche en polvo.
125 ml. de agua.
c/n Mermelada de piña.

1. Cernir harina, royal, sal y leche; formar un zócalo y en él depositar los demás ingredientes.
2. Incorporar perfectamente agregando agua hasta formar una masa homogénea.
3. Extender, cortar cuadros, rellenar, pegar, barnizar y hornear a 200 °C.

PASTA LEONESA

INGREDIENTES:

500 ml. de agua.
½ cucharadita de sal.
1 cucharada de azúcar.
250 g. de manteca vegetal.
300 g. de harina.
10–12 huevos.

1. Llevar al fuego en una cacerola: agua, manteca, azúcar y sal.
2. Al comenzar a hervir, agregar la harina cernida batiendo enérgicamente para desbaratar los grumos.
3. Retirar del fuego y dejar enfriar 5 minutos.
4. Añadir los huevos de uno en uno batiendo cada ocasión, agregando el siguiente hasta que el anterior haya desaparecido; continuar así hasta obtener una pasta a punto de cortina.

Nota: El número de huevos varía según su tamaño.

MANTECADAS DE ACEITE

INGREDIENTES:

300 g. de azúcar.
6 huevos.
1 cucharada de zumo de naranja.
500 g. de harina.
25 g. de leche en polvo.
20 g. de royal.
250 ml. de aceite mazola.
125 ml. de agua.
125 g. de pasitas.

1. Batir los huevos con el azúcar a punto de cordón.
2. Agregar el zumo de naranja y la harina cernida con el royal y la leche en polvo; batir perfectamente.
3. Juntar el agua con el aceite y agregarlos al batido envolviendo hasta obtener una masa espesa; agregar las pasas.
4. Vaciar a los capacillos y dejar reposar 15 minutos.
5. Hornear a 200 °C.

MAGDALENAS

INGREDIENTES:

500 g. harina.
5 huevos.
150 g. de azúcar.
125 g. de mantequilla.
15 g. de royal.
5 g. de sal.
40 g. de manteca.
125 g. de margarina.
125 ml. de agua.
100 g. de pasas hidratadas.
25 g. de coco rallado.
1 pliego de papel estaño.
50 g. de leche en polvo.

1. Batir los huevos a punto de cordón, agregar el azúcar y seguir batiendo.
2. Acremar las grasas e incorporar el batido anterior mezclando pasta, que no queden grumos de grasa.
3. Cernir harina, royal, leche y sal. Incorporar poco a poco sin batir, agregar el agua y las pasa hidratadas.
4. Colocar porciones pequeñas sobre cuadros de papel.
5. Barnizar, decorar con coco y hornear a 225 °C.

PANQUECITOS

INGREDIENTES:

300 g. de harina.
250 g. de mantequilla.
250 g. de azúcar.
2 cucharadas de royal.
8 huevos.
2 cucharadas de vainilla.
50 g. de pasitas.
125 ml. de leche.
1 naranja (zumo).

1. La mantequilla fundida se bate con el azúcar, yemas, vainilla y zumo de naranja.
2. Añadir la harina cernida con el royal alternando con la leche; batir perfectamente.
3. Incorporar las clara batidas a la nieve, en forma envolvente sin batir, agregar las pasas.
4. Llenos los capacillos, dejar reposar 15 minutos y hornear a 225 °C, durante 25 minutos.

MANTECADAS DE ASTORGA

INGREDIENTES:

500 g. de harina.
300 g. de azúcar.
500 g. de mantequilla.
150 g. de nuez picada.
2 cucharadas de royal.
12 huevos.
125 ml. de leche (aproximadamente).
20–25 piezas de papel punta o capacillos.

1. Fundir la mantequilla y batir con el azúcar, yemas.
2. Agregar la harina cernida con el royal incorporando perfectamente. Añadir las nueces y la leche según la necesite.
3. Agregar las claras batidas a la nieve en forma envolvente (sin batir).
4. Llenar los capacillos y dejar reposar 15 minutos cerca del calor. Hornear a 200 °C.
5. Espolvorear con azúcar glass.

GENDARMES

INGREDIENTES:

500 g. de harina.
200 g. de azúcar.
200 g. de mantequilla.
20 g. de royal.
2 huevos.
1 cucharada de Vainilla.
c/n Leche.

1. Cernir harina, royal y azúcar.
2. Formar un centro y en él depositar los demás ingredientes, incorporar todo perfectamente.
3. Fraccionar, labrar, barnizar y dejar reposar 15 minutos cerca del calor.
4. Hornear a 300 °C.

GALLETAS ESTILO POLVORON

INGREDIENTES:

½ kilo de harina.
350 g. de mantequilla.
125 g. de azúcar glass.
1 frasco de mermelada de fresa.

Descremar la mantequilla con el azúcar hasta que esponje, enseguida agregar la harina en forma de lluvia procurando tocar la masa o la pasta lo menos posible hasta que se extienda la masa o la pasta, y se cortan las galletas en la forma que se desee. Se hornea de 150° a 200 °C, de 10 a 15 minutos.

PASTA DANESA

INGREDIENTES:

8 o 9 espadas, para hacer bigotes corbatas, ojaldras.
600 g. de harina.
100 g. de margarina.
4 huevos para barnizar.
150 g. de azúcar.
30 g. de levadura.
1 cucharadita de sal molida.
150 g. de manteca vegetal.
(24 horas de reposo).

1. Preparar la siembre y dejar levitar.
2. Preparar la masa, añadir la siembre y dejar levitar.
3. Extender, engrasar, doblar de 2 a 4 veces, dejar reposar, volver a extender, cortar, barnizar, dejar levitar, hornear y sacar.
4. Espolvorear de azúcar.

SEMITAS

INGREDIENTES:

1 kg. de harina.
½ kg. de manteca vegetal.
6 huevos.
3 rollos de canela tostada en comal y molida.
40 g. de royal.
½ kg. de piloncillo machacado.

Se cierne harina y royal, se forma un cerco y se incorporan todos les demás ingredientes para formar una pasta suave y manejable, se fraccionan y se ponen las bolas sobre charolas de horno ya engrasados, y con mano engrasada se aplastan para formar galletas, se dejan a reposar 10 minutos y se hornea.

CARMELITAS

INGREDIENTES:

4 yemas.
1 lata de leche Nestlé.
4 cucharadas de maizena.
3 ½ de harina.
3 cucharadas de royal.
2 cucharadas de vainilla.
200 g. de mantequilla.
50 g. de gragea de colores.

Se baten yemas junto con la leche Nestlé, ya sin batir se agrega la harina con la maizena y royal, se mezcla con las manos y se añade la vainilla y la mantequilla, se amasa hasta formar una masa suave, se toman porciones de la masa (de una nuez), se forman bolitas del tamaño de una nuez, cubra la mitad de cada bolita con 10 a 15 minutos.

GALLETAS DE CHOCOLATE

INGREDIENTES:

200 g. de mantequilla.
4 yemas.
1 lata de leche.
¼ de cucharadita de sal.
3 tazas de harina.
1 cucharadita de royal.
4 cucharadas de cocoa.
100 g. de nuez.
1 yemas para barnizar.
50 g. de grenillo de chocolate.

Se forma un cerco con los ingredientes secos, se le incorporan todos los ingredientes menos el granillo, se revuelve todo con una pasta suave, se extienden, se cortan, se barnizan y se espolvorean de granillo, se hornean a 150 grados en charolas engrasadas.

PANQUEQUES

INGREDIENTES PARA 12 PANQUEQUES:

2 tazas de mezcla básica.
2 huevos.
⅔ de taza de agua.
¼ de taza margarina derretida.

1. Bata los huevos.
2. Agregue el agua y la margarina derretida a los huevos.
3. Combine la mezcla de huevo con la mezcla para bizcochos.
4. Eche la mezcla por cucharadas sobre una plancha caliente.
5. Cocine de un lado hasta que se formen burbujas.
6. De vuelta al panqueque para que se dore del otro lado.
7. Sirva los panqueques calientes.

Nota: Cada panqueque contiene 140 calorías–7%; 62 mg.– 3% de hierro; 74 mg–9% de calcio.

MUFFINS

INGREDIENTES PARA 12 MUFFINS:

2 tazas de mezcla básica.
1 huevo batido.
½ taza de uvas pasas (opcional).
2–4 cucharadas de azúcar.
½ taza de agua.

1. Agregue el azúcar a la mezcla en un recipiente.
2. En otro tazón grande agregue el agua al huevo batido.
3. Combine los ingredientes secos con la mezcla de huevo y agua.
4. Bata lo suficiente como para unir la mezcla; aproximadamente 25 veces (NO MEZCLE DEMASIADO).
5. Engrase bien los moldecitos para muffins y eche ⅔ de mezcla en cada uno.
6. Hornee durante 20 minutos a 400 °F.

Nota: Cada muffin sin pasas contiene 111–6% de calorías; 54 mg.–3% de hierro; 74–9% de calcio.

PAN DE MUERTO

INGREDIENTES:

30 g. o 4 sobres de levadura.
¼ taza de agua tibia.
6 tazas de harina.
5 huevos.
1 lata de leche condensada (La lechera).
5 yemas.
250 g. de mantequilla.
2 cucharadas de agua de azahar.
2 huevos, para barnizar.
¼ taza de azúcar granulada, para espolvorear.

HORNO PRECALENTADO A 200 °C.

Disuelva la levadura en el agua tibia, agregue ½ taza de harina, forme una pastita y deje reposar 15 minutos.

Cierne la harina restante sobre una mesa o tabla de amasar, y forme un hueco en el centro. Agregue los huevos, la leche condensada, las yemas, la mantequilla y el agua de azahar. Mezcle con las manos, añadiendo la masa de levadura que dejó en reposo. Siga amasando hasta que se despegue de la mesa.

Vacíe en un molde ligeramente engrasado y deje reposar 2 horas, aproximadamente, hasta que suba el doble. Divida la masa en 4 partes y corte una pequeña porción de cada una, para los dronos. Adorne con porciones de masa en forma de "lágrimas" y "suspiros". Deje nuevamente reposar en un lugar tibio hasta que doble el volumen. Barnice con huevo y espolvoree con azúcar. Hornee de 25 a 30 minutos, o hasta que dore ligeramente.

PASTEL DE CHOCOLATE

INGREDIENTES:

3 tazas de harina.
2 tazas de azúcar.
200 g. de mantequilla.
2 huevos.
¾ tazas de cocoa.
1 ½ taza de leche.
1 cucharada de vainilla.
1 ½ limón, jugo.
1 cucharada de carbonato.

Se cierne la harina con el carbonato, la mantequilla y se bate con una taza de azúcar. Se le agregan los huevos a la leche, se le pone el jugo de limón, la mantequilla y el azúcar, se le pone y una taza de harina, una de leche y así hasta terminar. A la otra taza de azúcar se le agrega la cocoa, la cucharada de vainilla, una parte de leche, este batido se incorpora al de la harina.

TORTA DE NARANJA

INGREDIENTES:

2 tazas de harina.
1 ½ tazas de azúcar.
¾ de taza de jugo de naranja con agua y ralladura.
½ taza de aceite de cocina.
6 yemas.
6 claras a punto de turrón.
3 cucharaditas de royal.
1 pizca de sal.

Los ingredientes se ciernen juntos menos el azúcar y se ponen en un bol donde se va a hacer la mezcla. En otro bol se ponen las yemas y el azúcar, se baten hasta que blanquean y esponjan. Le pone poco a poco el aceite alternando con el jugo de naranja y los ingredientes secos. Por último, las claras batidas a punto de turrón en forma envolvente se ponen en un molde engrasado y se hornea a 350 grados centígrados.

BUDÍN DE CHOCOLATE

INGREDIENTES:

2 cajas de pudin Kremel sabor chocolate.
1 lata de media creme Nestlé.
3 paquetes de galletas María.
1 litro de leche (para el pudín).
100 g. de nuez picada (adorno).

Se hace el pudín siguiendo las instrucciones del paquete.

Ya que está hecho; se engrasa un molde refractario con mantequilla, y se pone la primera capa de galletas, enseguida se bañan con el pudín, deben quedar bien bañadas. Después se pone una poca de creme bien distribuida y así hasta terminar con los ingredientes. En la última caja se pondrá la creme en gotas para formar círculos y al final se espolvorea la nuez picada. Se pone a enfriar el mayor tiempo posible.

POSTRE DE PIÑA

INGREDIENTES:

Soletas o galletas María.
500 g. de crema.
1 lata de leche Nestlé.
1 lata de rebanadas de piña.
5 limones (jugo).
100 g. de nuez.

Se licuan 5 rebanadas de piña con la crema, la leche Nestlé y el jugo de los limones.

La piña restante y la nuez se pican. Se pone en un molde refractarios cuadrado una capa de galletas (si son soletas se remojan en jerez), una tercera parte de crema, y una rebanada de piña y la tercera parte de la nuez picada y así sucesivamente hasta terminar en crema, piña y nuez, se mete al refrigerador 4 horas por lo menos o al congelador y se sirve.

PASTEL DE ZANAHORIA

INGREDIENTES:

800 g. de mantequilla.
600 g. de azúcar.
20 yemas.
½ kilo de harina de arroz.
½ kilo de harina de trigo.
700 g. de zanahoria.
1 taza de jugo de naranja, el zumo de dos naranjas.
6 cucharadas de royal.

Se acrema la mantequilla con el azúcar hasta que esponje, luego las yemas una a una, enseguida las harinas cernidas junto con el royal, alternando con la zanahoria cocida y molida en la batidora con el jugo de naranja y por último, el zumo de la naranja se bate bien y se hornea en moldes engrasados y enharinados.

PIE DE QUESO

INGREDIENTES:

1 paquete de galletas Marías.
150 g. de mantequilla.
1 queso filadelfia.
5 yemas.
1 lata de leche Nestlé.

Las galletas se muelen perfectamente y se le incorpora la mantequilla, con esto se forra un molde; lo demás se licua y se hornea a 175 grados por 30 minutos aproximadamente.

BISCOCHO DE PIÑA

INGREDIENTES:

16 huevos.
250 g. de harina.
½ piña.
1 litro de agua para la miel; de piñas.

Se baten las claras a punto de turrón, luego se le ponen las yemas, después las harinas cernidas con el royal, se incorpora todo muy bien y se pone pasta en moldes de papel, se hornean pero que no queden muy dotados, se sacan y se desmoldan, se bañan con la siguiente miel: la piña se licua y se cuela, se le pone el azúcar y se pone a que dé un hervor.

PANECILLOS PARA LA CENA

INGREDIENTES PARA 36 PANECILLOS:

1 paquete de levadura.
1 ½ tazas de agua tibia.
¼ de taza de leche en polvo.
¼ de taza de azúcar.
¼ de taza de grasa de vegetal blanda.
3 ½ a 4 ½ tazas harina enriquecida.
2 cucharaditas de sal.

1. Disuelva la levadura en el agua tibia.
2. Agregue la leche en polvo, la grasa vegetal, el azúcar y la sal.
3. Mezcle bien.
4. Agregue 2 tazas de harina y bata rápidamente durante 2 minutos.
5. Agregue una cantidad suficiente de harina como para formar una masa suave (aproximadamente 1 ½ tazas más); reserve parte de la harina para amasar.
6. Amase sobre una superficie ligeramente enharinada durante 8 o 10 minutos.
7. Forme una bola; coloque en un tazón engrasado y voltee la masa para engrasar la parte superior.
8. Cubra y ponga en un lugar tibio (no caliente) para que la masa se levante durante 1 hora.
9. Aplaste la masa.
10. Divida la masa en panecillos.
11. Coloque en moldes engrasados para muffins o en moldes para horno.
12. Pinte con mantequilla o margarina derretida.
13. Cubra y deje levantar hasta que la masa quede esponjosa, aproximadamente 45 minutos.

14. Hornee en horno caliente precalentado a 400 °F durante 15 o 18 minutos y desmolde.

Nota: Cada panecillo contiene 66–3% de calorías; 37 mg.–2% de hierro; 8 mg.–1% de calcio.

PASTEL DE CALABACITAS

INGREDIENTES:

3 tazas de harina.
3 cucharaditas de canela.
3 cucharaditas de royal.
¼ de cucharadita de sal.
6 huevos.
1 ½ tazas de azúcar.
1 ½ tazas de aceite.
3 tazas de calabacitas ralladas en crudo.
1 ½ tazas de nuez picada.
1 taza de pasas.

Cierna las primeros cuatro ingredientes juntos, aparte bata los huevos con el azúcar hasta que queden bien batidos, añada el aceite sin dejar de batir, enseguida la calabaza, nueces y pasas, y por último los ingredientes secos, revuelva bien todo y vacíe en un molde de preferencia de rosca untado de mantequilla y harina. Se hornea a fuego suave.

GELATINAS ARTÍSTICAS Y SENCILLAS

Valor nutritivo:

Las gelatinas simples preparadas con grenetina, azúcar; tienen alrededor de 125 calorías por ración; las compuestas, elaborado con crema, leche, frutas secas y naturales en almíbar, aproximadamente 250 calorías por ración, o sea, el doble de las gelatinas simples, además de proporcionar vitaminas.

En caso de los áspics con carne y verduras, complementan la alimentación, además de las calorías, con proteínas y vitaminas.

Tabla de equivalencias

GRENETINA 15 g. = 1 cucharada sopera.
AZÚCAR 10 g. = 1 cucharada sopera.
AZÚCAR 200 g. = 1 taza.
LECHE 50 c.c. = ¼ taza.
LECHE 200 c.c. = 1 taza.
HUEVO 50 g. = 1 pieza.
CREMA 10 g. = 1 cucharada sopera.
CREMA 50 g. = ¼ taza.
CREMA 200 c.c. = 1 taza.
AGUA 5 c.c. = 1 cucharada cafetera.
AGUA 10 c.c. = 1 cucharada sopera.
AGUA 50 c.c = ¼ taza.
AGUA 200 c.c. = 1 taza.
AGUA 1 litro = 5 tazas.

Clasificación de las gelatinas

Por la gran variedad de ingredientes que se utilizan en su elaboración, las gelatinas pueden ser agua, leche, dulces, saladas y vinos, de acuerdo con la siguiente clasificación:

AGUA:

Limón transparente, piña elaborada con frutas, piña elaborada con jugo, durazno en almíbar y durazno elaborado con el almíbar.

Cantidades:

Para un litro de gelatina sencilla se emplean 30 gramos de grenetina, 200 gramos de azúcar y 1 litro de agua.

Las porciones de agua, grenetina y azúcar, están en relación con la cantidad de jugos ácidos que se emplean en la preparación.

Para las gelatinas sin frutas ácidas se utilizan de 150 a 200 gramos de azúcar por litro de líquido; pero las gelatinas con jugos de naranja, limón, fresa o piña se utilizan de 200 a 250 gramos de azúcar por litro.

Preparación:

La grenetina en hojas se ablandan primero en agua fría durante 15 minutos, ya remojada se disuelve con agua caliente para preparar las gelatinas. La grenetina en polvo se remoja en agua fría durante 3 minutos para lograr que se incorpore totalmente con el agua para la gelatina.

La gelatina preparada con grenetina de hoja o en polvo, permanece líquido cuando la temperatura de la misma es superior a los 15° C, pasa al estado semisólido cuando se enfría. Al agregar a la gelatina frutas en almíbar o naturales, picadas o enteras, se acomodan sobre una capa de gelatina semicuajada para evitar que lleguen al fondo de la preparación, y si se utilizan moldes pequeños, deben enfriarse previamente para que las gelatinas solidifiquen en menos tiempo y se facilite desmoldarles en caso necesario.

Las gelatinas combinadas tienen una gran variedad en colores y sabores, por lo que de preferencia se deben preparar en moldes transparentes cuando son de tipo individual para hacerlas atractivas a la vista por su combinación y colorido.

Para la elaboración de gelatinas en capas de dos o más colores, se debe cuajar primero una capa, ya semicuajada se procede a agregar la otra ligeramente tibia, utilizando una cuchara para evitar que al vaciar el líquido se remueva.

<u>Notas:</u>

1. Cuando se pone grenetina en la leche debe estar hirviendo porque se corta.
2. Cuando es necesario entibiar una grenetina de leche no debe ponerse a fuego directo sino en baño maría.
3. Las tablas o charolas en que se desmoldan las gelatinas deberán estar mojadas con el objeto de poder centrarlas.
4. Se necesitan de 25 a 30 gramos de grenetina por litro de agua o de leche, en caso de llevar ácido (limón, naranja, piña), se necesitarán cinco gramos más.
5. Cuidado de los moldes de yeso. Se lavan y se secan antes y después de usarse, siempre con agua tibia, antes de vaciarles la gelatina deberán estar helados y barnizados con clara de huevo.
6. El almendra siempre que se utilice deberá ponerse a remojar en agua caliente, nunca se pondrá a hervir.
7. Cuando las gelatinas han estado mucho tiempo en el congelador, se sacan 15 minutos antes a la temperatura ambiente y después se desmoldan, para que salgan tersas.

Consejos Para la Elaboración de Gelatinas

1. Para que el suero no se cuaje debe mantenerse el recipiente que lo contiene sumergido en agua caliente.
2. En el caso de las gelatinas que llevan frutas para decorar o frutas en almíbar, las primeras se deberán tener bien lavadas y secas, las segundas deberán estar bien escurridas.
3. Si llevan hojas frescas como en el caso del árbol de duraznos o la hoja de parra, deberán tenerse estas lavadas y secas.

4. Cuando las figuras de suero se decoran por necesidad con polvo dorado o cualquier pintura que no sea vegetal, al servir la gelatina deberán retirarse.
5. Las figuras de suero que van sobre las gelatinas, si se desea se pueden hacer con anticipación y decorarse manteniéndose en refrigerador, tapadas con envoltura transparente del tipo del ega-pack.
6. La gelatina deberá estar firme pare poderse desmoldar, si la última capa está un poco floja se lleva el riesgo de que al desmoldar se rompa.
7. Para desmoldar se deberá tener preparado a la tabla o charola mojada en que se va a vaciar.
8. Se separan con un cuchillo recto y sin, sierra los bordes de la gelatina. Se sienta sobre la tabla que tenemos preparada (charola).

LECHE:

Leche con yema, leche envinada, leche con nuez, leche con ciruela pasa, leche con coco, fresas con crema, leche condensada con piña, leche con cocoa, leche con chocolate.

DULCES:

Todas las anteriores, más algunas bases para gelatinas con verduras (rosca de zanahoria, gelatina de pepino, etc.).

SALADAS:

Toda clase de aspics, tales como: Aspic de limón, aspic elaborado con caldo de res, aspic elaborado con caldo de pescado.

VINOS:

Toda clase de gelatinas elaboradas con vinos como: Sidra, vino blanco (dulce o seco) y vino tinto.

GELATINAS DECORATIVAS:

1. Leer cuidadosamente la receta para saber en qué forma vamos a armarla.
2. Si lleva figuras de suero blanco, el suero necesario para llenar los moldes de yeso que estarán fríos, como se dijo antes y untados con clara de huevo, se dejarán cuajar, haciendo todas las figuras que lleva la gelatina.
3. Decorar las figuras de suero.
4. Hacer la gelatina según pida la receta, cuajando las capas en la forma indicada en la receta, acomodando las figuras, siguiendo el diseño de la gelatina. Si la gelatina lleva recorte, deben tenerse ya preparada la plantilla que se va a recortar hecha de cartulina, cuando la capa de gelatina está cuajada se mojará la plantilla y se pondrá sobre la misma recortándola y limpiando la parte donde va a entrar.

GELATINA DE ZANAHORIA

INGREDIENTES:

2 gelatinas de naranja.
1 taza de crema.
Zanahoria rallada.
1 lata de piña picada.

Se desbarata la gelatina en el agua hirviendo y jugo de la lata de piña. Se deja enfriar y se le agrega la crema con una pizca de carbonato pare que no se corte, se revuelve muy bien y al final la zanahoria rallada. Se mete a cuajar. Se le puede poner nueces o pasas.

GELATINA ARTÍSTICA

INGREDIENTES:

2 litros de leche.
70 g. de grenetina.
1 cucharada de maizena.
1 pizca de carbonato.
1 cucharada de vainilla.
500 g. de azúcar.
1 rajita de canela.
1 copita de ron o coñac.
4 yemas de huevo.

De los dos litros de leche se aparta en cuarto de litro y en esta se disuelven la maizena y las yemas, la leche restante se pone al fuego con una pizca de carbonato y canela, se deja hervir y cuando suelta el hervor se le agrega el azúcar y la otra leche con las yemas y la maizena colados, y se mueve suavemente para que no se pegue dejándose hervir a fuego lento por 15 minutos, se retira de la lumbre y cuando no tiene hervor se le agrega la grenetina remojada previamente.

FLAN SENCILLO

INGREDIENTES:

1 lata de leche Nestlé.
1 lata de leche natural.
1 cucharada de esencia maple.
4 huevos.
Nuez al gusto.

Se licua todo y se pone en baño María, primero en la parrilla de la estufa a medio cocer, enseguida a que termine de cocer en el horno. Antes de ponerse los ingredientes en el molde se hace caramelo con el azúcar. Al salir del horno se refrigera.

GELATINA DE MANGO

INGREDIENTES:

1 kg. de mango.
6 cucharadas soperas de grenetina.
300 g. de azúcar.
1 pizca de carbonato.
1 raja de canela.

Los mangos se muelen y se cuelan, la leche se pone a hervir con el azúcar, carbonato y canela. Se saca de la lumbre y se le agrega la grenetina remojada previamente y por último el mango molido.

FLAN DE PIÑA

INGREDIENTES:

2 latas de leche Nestlé.
6 huevos.
½ piña fresca (sacar una lata de jugo).
5 cucharadas de azúcar para el caramelo.

La piña se pela y se le quita el corazón, se parte en trocitos y se licua, se cuela y se pone a hervir 5 minutos. Se revuelven hervido y frío. Ya listo el caramelo se pone de 50 minutos a una hora a baño María. Se refrigera.

GELATINA DE NESCAFÉ

INGREDIENTES:

1 litro de leche de vaca.
250 g. de crema.
50 g. de grenetina.
250 g. de azúcar.
1 cucharada de nescafé.
1 cucharada de vainilla.
1 copa de jerez.
2 yemas.
1 pizca de carbonato.

Se baten las yemas con un tenedor, y se revuelven con la leche, junto con el azúcar y la pizca de carbonato, de la misma leche se saca una poca para disolver el nescafé y la vainilla, se pone todo junto al fuego y cuando suelta el hervor se le agrega la crema y la grenetina que se tendrá remojada en medio litro de agua, se le pone el jerez; se deja enfriar y se pone a cuajar.

POSTRE DE COCKTAIL DE FRUTAS

INGREDIENTES:

½ litro de creme.
1 lata de cocktail de frutas.
1 gelatina de piña (royal grande).

Al medio litro de crema se le revuelve el cocktail sin jugo. Aparte el jugo se pone a calentar, ahí se vacía la gelatina, se saca de la lumbre y se deja enfriar. Se revuelve todo con mucho cuidado y se mete al refrigerador.

GELATINA DE MANDARINA

INGREDIENTES:

2 cucharadas de grenetina.
1 taza de jugo de mandarina.
1 taza de agua.
½ taza de azúcar.
1 cucharada de zumo de mandarina.

Ponga el agua al fuego con el azúcar, al soltar el hervor cuele la gelatina y el jugo revolviendo hasta que quede perfectamente disuelta. Vacíe la gelatina en un molde redondo. Refrigere y cuando cuaje agregue la gelatina de leche.

GELATINA "DESPEDIDA DE SOLTERA"

GELATINA DE LECHE

INGREDIENTES:

1 ¼ litro de leche.
½ kilo de azúcar.
100 g. de almendras.
1 copa de brandy.
45 g. de grenetina.
Polvo de oro.

Se pone la leche al fuego con una pizca de bicarbonato, cuando hierve se le pone el azúcar, cuando suelta el hervor nuevamente se retira del fuego, cuando enfría un poco se le agrega la grenetina remojada en agua fría, estando tibia se le añade la copa de brandy, la gelatina se pinta con 3 gotas de color vegetal rojo para que quede rosa pálido.

GELATINA DE VINO BLANCO

INGREDIENTES:

1 litro de agua.
½ litro de vino blanco.
2 limones (su jugo).
50 g. de grenetina.
450 g. de azúcar.

PROCEDIMIENTO:

Se pone al fuego el agua con el azúcar, cuando ya hirvió se retira del fuego y se le pone la grenetina remojada en agua fría, cuando está tibia se le añade el vino y el jugo de limón.

PROCEDIMIENTO PARA ARMAR LA GELATINA:

Se vacía en el molde cuadrado y helado un poco más de la mitad de la gelatina de leche, cuando cuaja se recorta un corazón, se limpia muy bien, con una toalla, limpia y húmeda, se le pone un poco de gelatina de vino, cuando cuaja se le pintan unas nubes y se le ponen las golondrinas, se pegan con gelatina tibia, se le pone el resto de la gelatina de vino que deberá estar tibia, se cuaja y se le pone el resto de la gelatina de leche que se diluya en baño maría y con las almendras limpias y licuadas, cuando haya cuajado se desmolda.

GELATINA DE ROMPOPE

INGREDIENTES:

1 litro de leche.
3 yemas de huevo.
½ vaso de rompope.
35 g. de grenetina.
300 g. de azúcar.

Se pone a hervir la leche con el bicarbonato, la canela y el azúcar (dejando un poco de leche para diluir las yemas), cuando suelte el hervor se baja el fuego para añadirle las yemas ya diluidas para que no se cuezan, dejando que hierva, después se agrega la grenetina remojada en agua fría, se vacía sobre la gelatina de sidra y se refrigera, cuando está cuajada se desmolda.

GELATINA DE JUGO DE PIÑA

INGREDIENTES:

1 litro de jugo de piña en lata.
¼ de litro de agua.
45 g. de grenetina.
500 g. de azúcar.

Se pone a hervir el jugo de piña con el azúcar durante 20 minutos, se aparta, se pone a hervir el agua, se retira del fuego y ahí se disuelve la grenetina remojada en agua fría, cuando está tibia se revuelve bien con el jugo de piña, se cuela y se pone a cuajar.

GELATINA DE LECHE Y YEMAS

INGREDIENTES:

1 ¼ litros de leche.
350 g. de azúcar.
35 g. de grenetina.
4 yemas.
1 raja de canela.
1 cucharadita de vainilla.

Se pone a hervir la leche con la canela y una pizca de bicarbonato durante 5 minutos, se agrega el azúcar y que dé un hervor, se retira del fuego para agregarle las yemas diluidas en un poco de leche y pasadas por una coladera, moviendo bastante fuerte la gelatina para que las yemas no cuezan, se vuelve a la lumbre moviendo de vez en cuando y al soltar el hervor se saca de la lumbre, dejándose enfriar un poco para agregarle la grenetina remojada en agua fría, cuando está bien disuelta esta se deja enfriar y cuando está tibia se le agrega la cucharadita de vainilla y se pone a cuajar.

GELATINA DE COCO

INGREDIENTES:

1 ½ litro de leche.
1 raja de canela.
45 g. de grenetina.
600 g. de azúcar.
250 g. de coco rallado.

Se pone a hervir la leche con la canela, cuando suelte el hervor se le pone el azúcar y el coco rallado, se deja hervir a fuego lento sin dejar de mover durante 20 minutos, se saca del fuego y se cuela, se vuelve a poner al fuego y cuando suelte el hervor se retira para ponerle la grenetina remojada, moviendo bien para que disuelva, se cuaja.

GELATINA DE PEPINO

INGREDIENTES:

½ litro de agua.
250 g. de azúcar.
3 limones.
35 g. de grenetina.
3 pepinos grandes.
1 cucharadita de vinagre.
Colores vegetales (3 gotitas de amarillo y 2 de verde).
Una pizca de sal.

Se ralla el pepino lavado y pelado con un rallado grueso y se deja aparte.

Se hierve el agua con el azúcar, cuando no tiene hervor se le agrega la grenetina remojada en agua fría, ya tibia se le pone el jugo de los limones y ya casi fría y a punto de cuajar se le agregan los pepinos, el vinagre y la sal, se revuelve bien y se vacía en un refractario plano que estará mojado y frio, no se desmolda, se sirve para acompañar con carnes frías o en cualquier tipo de buffet.

ROSCA DE NARANJA

INGREDIENTES:

2 vasos de jugo de naranja.
½ litro de agua.
300 g. de azúcar.
40 g. de grenetina.
5 zanahorias grandes.
1 lata de piña en almíbar.

La zanahoria se lava muy bien y se monda, rallándola con un rallador mediano, la piña se corta en cuadritos pequeños y se deja escurrir.

Se hierve el agua con el azúcar, al soltar el hervor se agrega la grenetina disuelta previamente en ½ taza de agua fría, se retira del fuego cuando ya está bien disuelta la grenetina, cuando enfría se agregan los demás ingredientes y se refrigera en un molde.

GELATINAS COMBINADAS

Las gelatinas combinadas o compuestas se preparan con 4 gramos de grenetina, 20 a 25 gramos de azúcar, 10 a 20 gramos de crema dulce con 20 % de grasa (crema ligera), 20 gramos de huevo o 5 gramos de yema, 50 a 100 c.c. de leche condensada o de leche fluida, y agua en cantidad suficiente para completar 100 c.c. de líquido por ración cuando se usa la leche condensada; las gelatinas compuestas pueden llevar pequeñas cantidades de otros condimentos, como el cacahuate picado, la cocoa, la nuez retina remojada en agua fría y ya que está tibia se le pone el jugo de los limones.

GELATINA "LAGO DE LOS CISNES"

GELATINA DE LIMÓN

INGREDIENTES:

1 litro de agua.
3 limones.
350 g. de azúcar.
35 g. de grenetina.

PROCEDIMIENTO:

Se hierve el agua, cuando suelta el hervor se le agrega el azúcar, se deja hervir 10 minutos, se retira de la lumbre y se le agrega la grenetina remojada en agua fría, cuando enfría un poco se le pone el jugo de los limones y una gotita de azul y una de verde para dar el color agua, se mueve bien y se cuela.

GELATINA DE PIÑA CON LECHE

INGREDIENTES:

¾ de litro de leche.
1 pizca de bicarbonato.
½ litro de jugo de piña de lata.
40 g. de grenetina.
½ kg. de azúcar.

PROCEDIMIENTO:

El jugo de piña se pone a hervir con el azúcar 20 minutos para que espese, se retira del fuego y se deja enfriar. En la leche hervida con una pizca de bicarbonato se desbarata la grenetina remojada en agua fría y se deja enfriar la leche y el juego por separado, cuando están fríos se juntan y se ponen a baño maría, solo a poder revolverlos, (no se calientan a fuego directo porque se corta la leche).

PROCEDIMIENTO PARA ARMAR LA GELATINA:

Se vacía en el molde que estará mojado y helado, una capa delgada de gelatina de limón, cuando ha cuajado se le pintan unos pastos verdes y unas gaviotas negras, cuando está bien seca la pintura se acomodan los dos cisnes con el pico amarillo, se le dan unos ligeros toques azules a las plumas y el ojo negro o café, el tule color naranja, con puntitos cafés, las hojas verdes, se pegan con una poquita de gelatina de limón, cuando pegan se le agrega el resto de la gelatina de limón, se cuaja y cuando está firme se agrega toda la leche con piña ligeramente tibia, se cuaja y se desmolda.

GELATINA "EL JARRÓN DE LOS LIRIOS"

GELATINA DE VINO BLANCO

INGREDIENTES:

1 litro de agua.
2 limones (su jugo).
50 g. de grenetina.
½ litro de vino blanco seco.
450 g. de azúcar.

PROCEDIMIENTO:

Se pone a hervir el agua con el azúcar, cuando hierve se retira del fuego y cuando ya no tiene hervor se le agrega la grenetina remojada en agua fría, se mueve para que se disuelva bien, cuando está tibia se le agrega el vino y el jugo de limón.

GELATINA DE LECHE

INGREDIENTES:

1 lata de duraznos en mitades.
100 g. de azúcar.
45 g. de grenetina.
2 latas de leche Nestlé.
1 litro de agua.

PROCEDIMIENTO:

Las dos latas de leche se vacían y se juntan con el agua y el azúcar sin dejar de mover, se pone al fuego que hierva diez minutos, pasando ese tiempo se retira del fuego, cuando no tiene hervor se le agrega la grenetina remojada en agua fría.

PROCEDIMIENTO PARA ARMAR LA GELATINA:

En el molde redondo, mojado y helado se vacía aproximadamente la mitad de la gelatina de vino, se pone a cuajar y cuando está firme se decora poniendo en una orilla del molde el jarroncito que se hace con suero blanco, se pone a cuajar en un plato una capa delgada y con una plantilla se recorta el jarrón, se pinta en color naranja o rojo, un color fuerte para que resalte y arriba se decora con los lirios pintados con color lila, hojas y botones, cuando están acomodados los lirios se pegan con un poco de gelatina de vino, se cuaja y se le agrega toda la gelatina restante de vino cuando está cuajada se le pone la mitad de la gelatina de leche, se cuaja y cuando está un poco tierna se le acomodan tiritas de durazno, se mete al refrigerador a que se afirme y cuando está bien cuajada se le agrega el resto de la gelatina de leche, se refrigera y se desmolda como las demás.

GELATINA "EL FAROL JAPONÉS"

INGREDIENTES:

2 litros de leche.
600 g. de azúcar.
70 g. de grenetina.
¼ de crema.
¾ de kilo de fresas.

PROCEDIMIENTO:

Se pone a hervir la leche con el bicarbonato y el azúcar, cuando hierve bien se retira del fuego, se divide la leche en dos partes, en una estando bien caliente se disuelve la grenetina remojada en agua fría, la otra mitad se deja enfriar bien, y ya fría se licúa con las fresas y la crema, cuando las dos cantidades de leche están frías se juntan (si están demasiado frías, se ponen en baño maría para juntarlas).

GELATINA DE DURAZNO

INGREDIENTES:

1 ½ litro de agua.
450 g. de azúcar.
60 g. de grenetina.
1 lata de duraznos grandes (en almíbar).

PROCEDIMIENTO:

Se pone al fuego con el agua el almíbar y el azúcar, cuando hierve se retira del fuego y se le pone la grenetina remojada en agua fría y se mueve para que se disuelva bien.

PROCEDIMIENTO PARA ARMAR LA GELATINA:

En el molde del farol mojado y helado, se vacía la mitad de la gelatina de durazno, cuando está cuajada se decora, con un árbol pintado de verde oscuro y café, cuando se seca la pintura, se adorna el árbol con los faroles y las flores de durazno, en la parte inferior al pie del árbol se pintan unos pastitos de verde y se pone a un lado la japonecita ya pintada y la pagoda pegándolas con tantita gelatina de durazno un poco tibia, cuando cuaja se le pone toda la gelatina de durazno restante, se mete nuevamente al refrigerador para que cuaje y después se vacía toda la gelatina de fresa con crema, se mete al congelador y cuando cuaje se desmolda como las anteriores.

GELATINA "LA PRIMERA COMUNIÓN"

INGREDIENTES:

1 ¼ litro de leche.
500 g. de azúcar.
100 g. de almendras.
1 copa de brandy.
45 g. de grenetina.
Polvo de oro.

PROCEDIMIENTO:

Se pone la leche al fuego con una pizca de carbonato, cuando hierva se le agrega el azúcar, cuando suelte el hervor nuevamente se retira del fuego, se deja enfriar un poco y se le agrega la grenetina remojada en agua fría, estando tibia se le añade la copa de brandy, se vacía en el molde redondo que estará mojado y helado, una vez cuajada se resaca una cruz con una plantilla de cartoncillo remojado, el resto de la gelatina se pone en un recipiente y se limpia muy bien el molde con una servilleta mojada.

GELATINA DE VINO BLANCO

INGREDIENTES:

1 litro de agua.
½ litro de vino blanco seco.
2 limones (su jugo).
50 g. de grenetina.
450 g. de azúcar.

PROCEDIMIENTO:

Se pone al fuego el agua con el azúcar, cuando ya hirvió se retira del fuego y se le pone la grenetina remojada en agua fría, cuando está tibia se le añade el vino y el jugo de limón.

PROCEDIMIENTO PARA ARMAR LA GELATINA:

Encima de la cruz se le pone la cantidad de la gelatina de vino, cuando ya está cuajada se le acomodan las flores de las azucenas, una flor grande y una hojita en los desolados de abajo y una flor chica y un botón en los lados de arriba de la cruz, poniéndole un poco de gelatina para pegarlos, cuando ya estén pegadas las flores se pone el resto de la gelatina de vino blanco, cuando ya está cuajada se le pone la gelatina de leche en baño de maría y se licúa con las almendras que estarán peladas.

GELATINA "ÁLBUM DEL RECUERDO"

INGREDIENTES:

1 ¼ litro de leche.
50 g. de cocoa oscura.
1 cucharadita de vainilla.
500 g. de azúcar.
1 raja de canela.
40 g. de grenetina.

PROCEDIMIENTO.

Se pone a hervir la leche con el azúcar y la canela, dejándose un poco para desbaratar la cocoa, cuando suelta el hervor se le agrega la cocoa desbaratada y se deja hervir 15 minutos a fuego lento, se deja enfriar un poco y se le pone la grenetina remojada en agua fría, se revuelve bien para que se disuelva.

GELATINA DE COCO

INGREDIENTES:

1 ½ litro de leche.
1 raja de canela.
45 g. de grenetina.
600 g. de azúcar.
250 g. de coco rallado.

PROCEDIMIENTO:

Se pone a hervir la leche con la canela, cuando suelte el hervor se le pone el azúcar y el coco rallado, se deja hervir a fuego lento sin dejar de mover durante 20 minutos, se saca del fuego y se cuela, se vuelve a poner el fuego y cuando suelte el hervor se retira, se deja enfriar un poco para poner la grenetina remojada en agua fría, moviendo bien para que se disuelva.

PROCEDIMIENTO PARA ARMAR LA GELATINA:

Con gelatina de chocolate se llena el lomo del libro colocándolo en sesgado para que cuaje, ya que cuajó se endereza y se vacía la mitad de la gelatina de chocolate para que queden las pastas iguales, cuando cuaja se vacía toda la gelatina de coco, cuando ya cuajó, se le agrega la gelatina restante de chocolate tibia, si al cuajar sobra parte del lomo, se corta con un cuchillo para que quede al nivel y se desmolda como las anteriores.

Se adorna con unas margaritas con el centro amarillo, el tallo y las hojas verdes, las letras doradas y en el molde del libro se le pone la fecha del aniversario.

GELATINA "LA PECERA"

INGREDIENTES:

3 litros de agua.
900 g. de azúcar.
90 g. de grenetina.
6 limones.

PROCEDIMIENTO:

Se hierve el agua, cuando suelta el hervor se le agrega el azúcar, se mueve bien para que se disuelva y se deja hervir durante 10 minutos, se retira del fuego y se le pone la grenetina remojada en agua fría, se mueve para que se disuelva, cuando está casi fría se le pone el jugo de limón colado y se vacía sobre el molde redondo, mojado y helado un poco de gelatina, se cuaja y cuando ya está firme se coloca una capa de peces pintados del color que se desea y se pintan en la gelatina cuajada unas ramitas de café y verde, cuando seca bien la pintura se agrega un poco de gelatina para pegarlos y se cuaja, se agrega otra capita de gelatina y se cuaja, se le acomodan las conchitas, coral y tortugas pegándolas con gelatina tibia, cuando cuaja, si se desea se pone otra capita de pescados y se pone el resto de la gelatina.

GELATINA "EL ÁRBOL DE DURAZNOS"

INGREDIENTES:

1 lata de duraznos en almíbar (enteros).
1 lata de duraznos en almíbar en mitades.
625 g. de azúcar.
90 g. de grenetina.
2 ½ latas de agua.

PROCEDIMIENTO:

Se pone a hervir el agua con los duraznos enteros y escurridos, cuando suelta el hervor se sacan los duraznos y se le pone el azúcar y el almíbar de las dos latas, cuando hierva se apaga, ya sin hervor se le agrega la grenetina remojada en agua fría, cuando está tibia se pone un centímetro con el molde ovalado que estará mojado y helado, cuando está cuajada se le ponen unas ramitas de trueno, en forma de arbolito y encima los duraznos pintados de rojo, amarillo y verde, se les pone un poco de gelatina para pegarlos, cuando ya están pegados se le pone la mitad de la grenetina, se le agregan los duraznos en mitad, que se cortan en tiritas y se vacía en la gelatina que estará firme. Ya cuajada, se desmolda como las anteriores.

GELATINA "EL ABANICO"

INGREDIENTES:

1 ¼ litro de leche.
375 g. de azúcar.
100 g. de almendras
40 g. de grenetina.

PROCEDIMIENTO:

Se pone a hervir la leche con una pizca de bicarbonato, cuando hierve se le agrega el azúcar, al soltar el hervor nuevamente, se saca de la lumbre dejando enfriar un poco y se le agrega la grenetina remojada en agua fría, se mueve para que se disuelva y se cuela.

GELATINA DE PIÑA

INGREDIENTES:

1 litro de jugo de piña en lata.
¼ litro de agua.
45 g. de grenetina.
150 g. de azúcar.

PROCEDIMIENTO:

Se pone a hervir el jugo de piña con el azúcar durante 20 minutos, aparte se pone a hervir el ¼ de litro de agua, se retira del fuego y ahí se disuelve la grenetina remojada en agua fría, cuando está tibia se revuelve bien con el jugo de piña y se cuela.

PROCEDIMIENTO PARA ARMAR LA GELATINA:

En el molde de abanico, que estará mojado y helado previamente, se cuaja una capa de la gelatina de leche, aproximadamente la mitad, cuando cuaja se resaca una plantilla en forma de óvalo en el centro del abanico y la curva donde hace ángulo el mango del abanico con un cuchillo húmedo se levanta la gelatina cortada, se limpia bien el hueco que queda con un trapo mojado y enseguida se vacía la gelatina de piña que estará tibia, se pone a cuajar, cuando ya está cuajada la de piña, la gelatina restante de leche se junta con los recortes resacados, se pone a baño maría y cuando está tibia la mezcla se le agrega la almendra pelada y molina con un poco de leche o finamente picada, ya que la gelatina de piña esté cuajada se vacía esta, se refrigera y se desmolda como las anteriores. Se decora con el camafeo que se hace de suero blanco y se pinta el pelo café o castaño (1 gota de rojo, 1 gota de verde y si se quiere más claro 1 gota de amarillo). El vestido azul claro, la rosa del pecho roja, con hojas verdes claro, el broche y los aretes dorados y los ojos azules, cejas de color del pelo, labios rojo claro, el cuello rosa pálido y se le pintan chapitas en cada onda del abanico se pone una rosita de color rosa pálido y bolitas doradas, se vacía sobre la tabla.

GELATINA MOSAICO

INGREDIENTES:

Se preparan gelatinas de diferentes sabores (piña, naranja, una, limón, verde, manzana, grosella, etc.).

En un litro de jugo (piña, naranja, uva, etc.) hirviendo se disuelve el contenido de un sobre grande de gelatina Jelo Jello, se le pone una pizca de esencia del sabor que se preparó y un poco de color vegetal. Se vacía en un molde y se deja cuajar. Este procedimiento es para cada sabor que se desee.

Ya preparado cada sabor de gelatina que se vaya a emplear, se cortan cuadritos, teniendo ya preparada la gelatina de leche, bien fría y sin cuajar. Si desea de le puede poner a las gelatinas de sabores de frutas en almíbar picadas.

En un molde refractario grande se acomodan los cuadritos revueltos de todos los colores, se baña con la gelatina de leche, poniéndose nuevamente a cuajar.

GELATINA DE LECHE

INGREDIENTES:

1 litro de leche.
1 cucharada de esencia de coco o vainilla.
30 g. de grenetina de primera.
250 g. de azúcar granulada.

Se remoja la grenetina en media taza de agua fría y se disuelve con la otra media taza hirviendo y se le agrega ¾ de leche hervida que deberá estar tibia, enseguida azúcar al gusto y la esencia de sabor.

GELATINA DE "LA PIÑA"

INGREDIENTES:

50 g. de pasitas.
1 piña grande (ni verde ni madura).
500 g. de azúcar.
1 litro de agua.
60 g. de grenetina.
1 raja de canela.

PROCEDIMIENTO:

Se prepara la piña lavada, pelada y cortada para lo cual se parte verticalmente a la mitad y cada mitad en varias partes chicas, pero vertical y delgadas. En una cacerola de peltre o de barro (menos de aluminio), se pone el agua, el azúcar y la canela, y se pone al fuego durante cinco minutos, después se sala la canela, se le agrega la piña y se pone a hervir, mientras hierve se le saca la espuma, se deja en el fuego 35 minutos con objeto de que la piña que acitronada, pasado ese tiempo se saca toda la piña y el agua, se desbarata bien la grenetina remojada en agua fría, cuando está bien disuelta se le pone nuevamente la piña, se revuelve bien y se pone a enfriar, cuando está bien fría y a punto de cuajar se vacía en el molde de piña que deberá estar helado, barnizado con clara de huevo, se desmolda en una tabla y se decora poniendo en su lugar la cresta de la piña que estará bien limpia y en la base unas hojitas de la misma cresta. Se adorna con unas pasitas.

GELATINA DE PIÑA

INGREDIENTES:

1 lata de piña en rebanadas.
1 lata de leche Nestlé.
1 lata de leche Clavel.
3 gelatinas de piña.
1 cucharada de grenetina.

Se hace la gelatina común y corriente con los tres paquetes de gelatina, se suprime una taza de agua y se le pone el jugo de la piña, ya que está fría se licua con media lata de piña, enseguida se le agrega la leche y la otra mitad de la piña en pedacitos, se revuelve todo muy bien y se vacía a un molde refractario, se pone luego al refrigerador.

GELATINA DE LECHE

INGREDIENTES:

1 lata de leche Nestlé.
½ taza de almíbar de piña.
1 taza de agua fría.
3 cucharadas de grenetina.
1 lata de Media Crema Nestlé.
1 lata de piña en almíbar.

Se pone a la lumbre la leche Nestlé con el agua caliente. Aparte en agua fría se disuelve la grenetina y se le añade a la leche. La crema se mete al refrigerador media hora antes. Al sacarla se bate y se le agrega a lo demás junto con el almíbar. Se vacía a un molde con fondo de piña picada. Se deja cuajar.

GELATINA DE MAMEY

INGREDIENTES:

600 g. de mamey.
60 g. de grenetina.
1 lata de leche Nestlé.
1 litro de leche.
1 pizca de carbonato.
1 leche Clavel.

Se pone a hervir la leche con el carbonato, cuando suelte el hervor se le agrega la leche Nestlé y se deja hervir 5 minutos más. Se aparta la mitad de la leche y se pone a enfriar, y con ella se muele el mamey. La otra parte de la leche se le agrega la grenetina remojada en agua fría, y la leche clavel. Se revuelven las dos leches y se mete a cuajar en un molde previamente húmedo y frío.

GELATINA DE VINO TINTO

INGREDIENTES:

1 litro de agua.
¼ de jugo de naranja.
300 g. de azúcar.
60 g. de grenetina.
25 g. de jamaica.
¼ litro de vino tinto.

En un litro de agua se pone a remojar la jamaica durante dos horas, pasado ese tiempo se pone a hervir con la jamaica, se cuela y se vuelve a poner en la lumbre con el azúcar, ya que hierva se agrega el jugo de naranja y el vino tinto, cuando suelta el hervor se agrega la grenetina remojada por 10 minutos en poca agua fría se revuelve, cuando se disuelve, se saca del fuego, se enfría y se pone a cuajar en el molde.

GELATINA DE PIÑA CON QUESO

INGREDIENTES:

3 barritas de queso crema filadelfia (100 gramos).
1 lata de piña en almíbar (se pica la piña).
½ taza de leche evaporada.
2 tazas de agua caliente.
3 cajas de gelatina sabor piña.
1 lata de leche Nestlé.
½ taza de jugo de piña.

PROCEDIMIENTO:

Se hacen las gelatinas con el agua caliente hasta que se disuelva, cuando la gelatina está, al tiempo se le vacía el jugo de piña, la piña picada. Luego en el vaso de la licuadora se ponen los quesos y las leches, se mezcla y esto se vacía a la gelatina de piña y se revuelve con mucho cuidado, se vacía en un molde rectangular, cuando cuaja se vacía la gelatina transparente que se hace de la siguiente manera:

1 paquete grande de gelatina, de piña.

Se hace en 2 tazas de agua y se deja enfriar cuando está al tiempo, se vacía a la gelatina de queso la cual ya deberá estar cuajada para vaciar esta y se deja cuajar.

Nota: De preferencia gelatina Jello.

GELATINA DE DURAZNO

INGREDIENTES:

¾ litros de agua.
225 g. de azúcar refinada.
30 g. de grenetina.
1 lata de duraznos de almíbar.

Se pone al fuego el agua con el almíbar de los duraznos y el azúcar, cuando hierve se retira del fuego y se le pone la grenetina previamente remojada y disuelta muy bien en agua fría, se mueve para que se disuelva perfectamente.

GELATINA "HOJA DE PARRA"

GELATINA DE VINO BLANCO

INGREDIENTES:

¾ litro de vino blanco dulce.
600 g. de azúcar.
¾ litro de agua.
45 g. de grenetina.
PROCEDIMIENTO:

Se pone a hervir el agua con el azúcar, cuando hierve se saca del fuego y se le pone la grenetina remojada en agua fría, cuando está tibia se le agrega el vino blanco.

GELATINA DE VINO TINTO

INGREDIENTES:

¾ litro de vino tinto.
50 g. de jamaica.
¾ litro de agua.
600 g. de azúcar.
45 g. de grenetina.

PROCEDIMIENTO:

En el agua se le pone la jamaica a que de un hervor, se cuela y se pone al fuego con el azúcar, cuando hierve se retira del fuego, se le agrega la grenetina remojada en agua fría y cuando está tibia se le pone el vino tinto.

PROCEDIMIENTO PARA ARMAR LA GELATINA:

En el molde de hoja de parra que estará mojado y helado, se cuaja una capa con la mitad de la gelatina de vino blanco, se acomoda un racimo de uvas verdes (o ciruelas pasas) y 2 hojas de parra pegándolas con una poquita de gelatina de vino blanco tibia, se cuaja. Ya que está cuajada se le agrega todo el restante de vino blanco, ya firme se le vacía toda la gelatina de vino tinto tibia, se cuaja y se desmolda.

GELATINA "CUADRO DE ROSAS"

GELATINA DE CHOCOLATE

INGREDIENTES:

2 litros de leche.
½ kilo de azúcar.
100 g. de cocoa oscura.
50 g. de grenetina.
1 cucharadita de vainilla.
1 raja de canela.

Se pone a hervir la leche con la canela y el bicarbonato, cuando suelta el hervor se le agrega el azúcar y la cocoa desbaratada en poca leche, se deja que hierva 5 minutos y se apaga, se enfría un poco y se le agrega la grenetina remojada en agua fría, cuando ya está tibia se le pone una cucharadita de vainilla.

GELATINA DE VINO TINTO

INGREDIENTES:

¾ litro de vino tinto.
50 g. de jamaica.
¾ litro de agua.
600 g. de azúcar.
45 g. de grenetina.

En el agua se pone la jamaica lavada a que dé un hervor, se cuela y se pone al fuego con el azúcar, cuando hierve se retira del fuego, se le agrega la grenetina remojada en agua fría y cuando está tibia se le pone el vino tinto, se pone a cuajar.

GELATINA DE NUEZ

INGREDIENTES:

2 litros de leche.
50 g. de grenetina.
½ kilo de azúcar.
¼ de kilo de nuez.

PROCEDIMIENTO:

Se pone a hervir la leche con una pizca de bicarbonato, cuando suelta el hervor se le pone el azúcar y la nuez molida en un poco de la leche que se apartó y se deja hervir durante 10 minutos a fuego lento, cuando hierve, se le apaga, cuando enfría un poco se le pone la grenetina remojada en agua fría.

GELATINA DE LIMÓN

INGREDIENTES:

1 litro de agua.
300 g. de azúcar.
3 limones.
35 g. de grenetina.

Se pone el agua a hervir con el azúcar, cuando suelte el hervor se agrega la grenetina que se habrá disuelto previamente en ½ taza de agua, se retira del fuego cuando esté totalmente disuelta la grenetina, cuando enfría se le agrega el jugo de limón y si se quiere se le agregan unas gotitas de color vegetal verde o amarillo.

PROCEDIMIENTO PARA ARMAR LA GELATINA:

En el molde de cuadro que estará mojado y helado, se vacía toda la gelatina de chocolate, cuando está cuajada, se hace un cuadro de cartoncillo del tamaño hacia adentro 4 centímetros de ancho y se recorta figurando un cuadro, se moja el marco y se le pone encima de la gelatina de chocolate y con un cuchillo mojado se resaca el cuadro y se quita el centro, se limpia con un trapo mojado y se seca, cuando ya está bien limpio, se le pone un poco de gelatina de limón y se cuaja, después se le ponen las flores, las ramas, las hojas y los tallos, dándole forma de un ramo, las flores se pintan rosas y amarillas, las hojas verdes con café, se coloca y se pegan con un poco de gelatina de limón, cuando ya se pegaron las flores se le pone toda la gelatina restante de limón, enseguida se le pone la nuez, después se pone en baño maría el restante de chocolate que se apartó junto con los recortes, cuando ya está congelada la de nuez se le pone la de chocolate y ya cuajada se desmolda.

GELATINA "BABY SHOWER"

GELATINA DE CHOCOLATE

INGREDIENTES:

2 litros de leche.
400 g. de azúcar
8 tablillas de chocolate Carlos V a la española.
50 g. de grenetina.
2 cucharadas de cocoa.

GELATINA DE ROMPOPE

INGREDIENTES:

1 litro de leche.
3 yemas de huevo.
½ vaso de rompope.
35 g. de grenetina.
300 g. de azúcar.

Se pone a hervir la leche con el bicarbonato, la canela y el azúcar (dejando un poco de leche para diluir las yemas), cuando suelte el hervor se baja el fuego para añadirle las yemas ya diluidas para que no se cuezan, dejando que hierva, después se agrega la grenetina remojada en agua fría, se vacía sobre la gelatina de sidra y se refrigera, cuando está cuajada se desmolda.

GELATINA DE SIDRA

INGREDIENTES:

¾ litros de agua.
¾ litros de sidra (1 sidra).
45 g. de grenetina.
600 g. de azúcar.

Se pone a hervir el agua con el azúcar, cuando hierve se retira del fuego, cuando no tiene hervor se le agrega la grenetina remojada en agua fría, cuando está tibia se le pone sidra.

PROCEDIMIENTO:

Se hierve la leche cinco minutos, cuando de un hervor se le pone el azúcar y se retira del fuego, por separado se diluye en un poco de leche el chocolate y la cocoa, cuando está diluido se retira del fuego y se deja enfriar un poco, a la leche caliente se le agrega la grenetina disuelta en agua fría, se revuelve para que se disuelva bien, cuando está disuelta se le agrega el chocolate preparado moviéndolo bien para que se mezcle todo, ya tibio se vacía en el molde cuadrado colándolo, cuando ya está cuajado se recorta la tercera parte en desnivel y se limpia bien con servilleta mojada, se vacía un poco de gelatina de sidra dejando espacio para poner la casita pegándola con un poco de gelatina de sidra, una vez que está cuajada se le pone toda la gelatina de sidra, cuando se le añade la gelatina de rompope, ya cuajada se le pone toda la gelatina de chocolate que estará tibia, bien cuajada se desmolda como las anteriores, adornándola con la cigüeña, 2 árboles (molde de cartoncillo).

SOBRE EL AUTOR

María del Carmen Silvia Zempoalteca Gutiérrez, nació en la ciudad de Colima, Colima en México, el 6 de julio de 1946. Creció entre las ciudades de Veracruz y Colima. A muy temprana edad se inclinó por el gusto a la gastronomía y fueron precisamente las enseñanzas y experiencias adquiridas en una temprana edad que posteriormente formalizó y la edificaron de una manera profesional por medio de su trayectoria a través de diversas escuelas culinarias tanto en México como en Estados Unidos.

A principios de 1980, Carmen Silvia (como la llaman generalmente sus familiares y amistades), incursionó en el ámbito educacional impartiendo clases de cocina en una institución nacional de México; tiempo en el cual su mayor satisfacción fue el poder instruir a las amas de casa de diferentes ámbitos sociales y que algunas de ellas pudieran lograr subsistir económicamente con la elaboración de alimentos que habrían aprendido a cocinar asistiendo a estas clases. Fue a finales de esta década en la que junto con su familia inmediata migra a los Estados Unidos para comenzar una nueva vida, en donde reside hasta la actualidad.

Desde su llegada a este, su nuevo país, continuó incursionando en de la gastronomía, tomando cursos presenciales en diferentes rubros culinarios en diversas entidades educativas; públicas y privadas. Tal y como se mencionó, las alumnas de Carmen Silvia no han sido las únicas beneficiadas económicamente por estas enseñanzas, sino que ella también, junto a su esposo y sus hijos, incursionó en el negocio de la gastronomía por medio de la pequeña y mediana empresa; en ambos países mencionados. Por el momento se encuentra retirada de la gastronomía en el ámbito comercial, sin embargo y como toda una emprendedora ha decidido escribir este libro de cocina, que es su sueño hecho realidad, para así lograr que su legado pueda continuar influenciando en las cocinas de generaciones futuras.